1 MONTH OF
FREE
READING

at

www.ForgottenBooks.com

By purchasing this book you are eligible for one month membership to ForgottenBooks.com, giving you unlimited access to our entire collection of over 700,000 titles via our web site and mobile apps.

To claim your free month visit:

www.forgottenbooks.com/free704157

ISBN 978-0-265-96068-4
PIBN 10704157

This book is a reproduction of an important historical work. Forgotten Books uses state-of-the-art technology to digitally reconstruct the work, preserving the original format whilst repairing imperfections present in the aged copy. In rare cases, an imperfection in the original, such as a blemish or missing page, may be replicated in our edition. We do, however, repair the vast majority of imperfections successfully; any imperfections that remain are intentionally left to preserve the state of such historical works.

Jahres-Verzeichniss

der

an den Deutschen Schulanstalten

erschienenen Abhandlungen

I

1889

ℜ BERLIN
Verlag von A. Asher & Co.
1890

DRUCK VON H. S. HERMANN IN BERLIN.

Im Anschlusse an die bis Jetzt in vier Jahrgängen vorliegenden Jahres-Verzeichnisse der an den Deutschen Universitäten erschienenen Schriften wird die Königliche Bibliothek von Jetzt an Jährlich in gleicher Weise im Monat Mai Jahres-Verzeichnisse der in den Schriften der Deutschen Schulanstalten enthaltenen wissenschaftlichen Abhandlungen herausgeben und alle zehn Jahre die Schulnachrichten in ähnlichen Verzeichnissen zusammenfassen.

Diese zunächst im Interesse der Bibliotheken — auch einseitig — gedruckten Verzeichnisse enthalten im Gegen-. satze zu den von der B. G. Teubner'schen Buchhandlung in Leipzig als Vorläufer der im Tauschverkehre zu versendenden Schulschriften herausgegebenen Programmen-Verzeichnissen die wirklich erschienenen Schulschriften und Abhandlungen, und sollen, wenn es möglich ist, nicht blos die am Tauschverkehre betheiligten, sondern alle Deutschen höheren Schulen, die derartige Nachrichten und Abhandlungen ausgeben, umfassen.

In dem vorliegenden ersten Jahrgange hat sich diese Absicht nur unvollkommen zur Ausführung bringen lassen und neben den im Tauschverkehre eingegangenen auf die kleine Anzahl von Schulschriften beschränkt werden müssen, die von den betreffenden Anstalten unmittelbar an die Königliche Bibliothek eingeschickt wurden. Zu Gunsten der Vollständigkeit, die erst ein volles Bild der auf diesem Gebiete in Deutschland erschienenen Litteratur gewähren kann, erlaubt die General-Verwaltung der Königlichen Bibliothek sich an alle höheren Schulanstalten, die ausserhalb des Tauschverkehrs stehen, die Bitte um geneigte Einsendung je eines Exemplares aller in diesen Bereich fallenden Veröffentlichungen zu richten, die sie gern durch die Gegengabe des Verzeichnisses beantworten wird.

Ueber die Fassung des Verzeichnisses ist das folgende zu bemerken. Die Titel sind auf Grund der Abhandlungen selbst mit bibliographischer Genauigkeit wiedergegeben und alphabetisch nach den Verfassern, bei anonymen Titeln nach dem ersten Hauptworte geordnet; zur Ergänzung ist ein Sachregister und ein Orts- und Anstaltenverzeichniss beigegeben. Die hinter der Jahreszahl stehende Zahl in runder Klammer bezeichnet die Nummer des Teubner'schen Verzeichnisses der Programme, welche im Jahre 1889 von den höheren Schulen Deutschlands veröffentlicht sind; an ihrer Stelle steht bei den Schriften der Bayerischen Anstalten ein Stern; zwei Sterne bezeichnen die dem Tauschverkehre nicht angehörenden Anstalten.

Nach der Zeit des Erscheinens sind die Schriften als Oster- oder Michaelis-Programme, einfach als Programme bezeichnet, wenn die Zeit des Erscheinens nicht angegeben war.

Für häufig wiederkehrende Bezeichnungen stehen folgende Abkürzungen:

A = Anstalt

B = Bürgerschule

G = Gymnasium

GwS = Gewerbeschule

h. = höhere

HB = Höhere Bürgerschule

K = Kollegium

k. = königlich

kais. = kaiserlich

L = Lyceum

LS = Lateinschule

MP = Michaelis-Programm

OP = Oster-Programm

OR = Ober-Realschule

P = Programm

Pd = Paedagogium

PG = Progymnasium

R = Realschule

RA = Real-Anstalt

RAk = Ritter-Akademie

RG = Real-Gymnasium

RPG = Real-Progymnasium

S = Schule

Sm = Seminar

st. = städtisch

StA = Studien-Anstalt

VS = Vorschule

Berlin, Königliche Bibliothek
15. Mai 1890

Der General-Direktor

Wilmanns

Abhandlungen

der

Deutschen Schulschriften

1889

1 **Adam,** Berthold: Ueber die Teilbarkeit der Zahlen. Clausthal, Druck v. E. Pieper's Offic., 1889; S. 1—10; 4⁰

   Clausthal, k. G, OP 1889 (288)

2 **Ammer,** Engelbert [Dr.]: Über die Reihenfolge und Zeit der Abfassung des herodotischen Geschichtswerkes. Straubing, Cl. Attenkoferssche Buchdr., 1889; 48 S. 8⁰

   Straubing, k. StA, P 1889 *

3 **Ammon,** Georgius: De Dionysii Halicarnassensis librorum rhetoricorum fontibus. München, Druck v. H. Kutzner, 1889; 2 Bl., 113 S. 8⁰

   München, k. Wilhelms-G, P 1889 *

4 **Anspach,** Aug. Ed. [Dr.]: Die Horazischen Oden des ersten Buches in Bezug auf Interpolation, Aufbau und Zeit der Abfassung. Teil II. Cleve, Koch'sche Buchdr., H. Stens, 1889; S. 1—40; 4⁰

   Cleve, k. G, OP 1889 (402)

5 **Arendt,** Stanislaus: Pensées de M. de Montaigne en matière d'éducation d'enfants. Sagan, Druck v. P. Mertsching, 1889; S. 3—18; 4⁰

   Sagan, k. kath. G, OP 1889 (195)

6 **Atzler,** Felix [Oberl.]: Qu in den germanischen Sprachen und sein Wechsel mit p.—Bruchstücke zur deutschen Etymologie. Barmen, Druck v. D. B. Wiemann, 1889; 11 S. 4⁰

   Barmen, GwS, OP 1889 (442)

7 **Babucke,** H. [Dir. Dr.]: Zur Erinnerung an die Übersiedelung des Altstädtischen Gymnasiums zu Königsberg, Pr. in das neue Schulgebäude am 9. April 1889. Königsberg, Hartungsche Buchdr. (1889); 47 S. 4⁰

   Königsberg, altst. G, OP 1889 (9)

8   **Badke,** Otto [Oberl. Dr.]: Abriss der Lehre vom französischen Verbum für den Unterricht an höheren Lehranstalten. I. Teil: Formenlehre. Stralsund, Druck d. k. Regierungs - Buchdr., 1889; S. 1—36; 4⁰

> Stralsund, RG, OP 1889 (141)

9   **Bärwinkel,** Johannes [Oberl. Dr.]: Zur Odyssee. Sondershausen, gedr. i. d. Buchdr. des „Deutschen", 1889; S. 1-34; 4⁰

> Sondershausen, fürstl. G, OP 1889 (680)

10   **Bahl,** Christian: Beiträge zur Geschichte Limburgs in der Zeit der Dynasten . . . Limburg, G. A. Schlinck's Druckerei, 1889; S. 3—26; 4⁰

> Limburg, RPG, OP 1889 (393)

11   **Baltzer** [Prof. Dr.]: Die Christologie des hl. Hilarius von Poitiers. Rottweil, M. Rothschild's Buchdr., 1889; S. 1—42; 4⁰

> Rottweil, k. G, P 1889 (560)

12   **Bangert,** Friedrich [Rekt. Dr.]: Eine Oldesloer Urkunde aus dem Jahre 1389. Oldesloe, Druck v. J. Schütze, 1889; S. 3—10; 4⁰

> Oldesloe, RPG, OP 1889 (283)

13   **Bartels,** Rudolf: Beziehungen zu Athen und seiner Geschichte in den Dramen des Euripides. Berlin, Druck v. C. Feicht, 1889; 1 Bl., 20 S. 4⁰

> Berlin, k. Joachimsthalsches G, OP 1889 (57)

14   **Barth** [Dr.]: Beiträge zur elsässischen Sagenforschung I. Straßburg, Buchdr. v. E. Bauer, 1889; S. 3—38; 4⁰

> Straßburg, bischöfl. G an St. Stephan, P 1889 (492)

15   **Barth** [Dr.]: Über das Einwirkungsprodukt von Ammoniak auf Methylaethylketon. Helmstedt, Druck v. J. C. Schmidt, 1889; 1 Bl., 28 S., 1 Bl. 4⁰

> Marienberg, landw. S, OP 1889 (656)

16   **Bauer,** Jakob [Prof.]: Das Bild in der Sprache. II. Ansbach, Druck v. C. Brügel u. Sohn, 1889; 41 S. 8⁰

> Ansbach k. StA, P 1889 *

17   **Baumann,** Johann [Prof.]: Kritische und exegetische Bemerkungen zu Platos Phädo. Augsburg, Druck b. J. P. Himmer'schen Buchdr., 1889; 19 S. 8⁰

> Augsburg, k. StA bei St. Anna, P 1889 *

18   **Baumgärtel,** Friedrich Hermann [Oberl.]: Die kirchlichen Zu-
stände Bautzens im 16. und 17. Jahrhundert. *Bautzen* (1889);
64 S. 8⁰
  Bautzen, R, OP 1889 (532)

19   **Bechstein,** Adolf: Aufgaben aus der astronomischen Geographie.
Görlitz, Druck d. Görlitzer Nachrichten und Anzeiger, 1889; S. 3—13,
1 Taf. 4⁰.
  Rossleben, Kloster-S, OP 1889 (235)

20   𝔅𝔢𝔠𝔨, ℌ𝔢𝔦𝔫𝔯𝔦𝔠𝔥 [𝔓𝔯𝔬𝔣. 𝔇𝔯.]: 𝔒𝔬𝔟𝔲𝔯𝔤𝔦𝔰𝔠𝔥𝔢 𝔇𝔦𝔠𝔥𝔱𝔢𝔯 𝔞𝔲𝔰 𝔡𝔢𝔯 𝔍𝔢𝔦𝔱 𝔡𝔢𝔰
ℌ𝔢𝔯𝔷𝔬𝔤𝔰 𝔒𝔞𝔰𝔦𝔪𝔦𝔯. 𝔒𝔬𝔟𝔲𝔯𝔤, 𝔇𝔯𝔲𝔠𝔨 𝔟. 𝔇𝔦𝔢ß'𝔰𝔠𝔥𝔢𝔫 ℌ𝔬𝔣𝔟𝔲𝔠𝔥𝔟𝔯. (1889);
𝔖. 3—40; 4⁰
  𝔒𝔬𝔟𝔲𝔯𝔤, 𝔊 𝔒𝔞𝔰𝔦𝔪𝔦𝔯𝔦𝔞𝔫𝔲𝔪, 𝔒𝔓 1889 (660)

21   **Becker,** Heinrich [Dr.]: Die Brahmanen in der Alexandersage.
Königsberg, Hartungsche Buchdr., 1889; S. 1—34; 4⁰
  Königsberg, k. Friedrichs-K, OP 1889 (7)

22   **Beckhaus,** Hubert [Dir. Dr.]: Shakespeares Macbeth und die
Schillersche Bearbeitung. Ostrowo, Th. Hoffmanns Buchdr. (1889);
S. 1—25; 4⁰
  Ostrowo, k. G, OP 1889 (150)

23   **Bellermann,** Gustav [Dr.]: Beweis aus der neueren Raumtheorie
für die Realität von Zeit und Raum und für das Dasein Gottes.
Berlin, R. Gaertners Verlagsbuchh. H. Heyfelder, 1889; 30 S.
1 Taf. 4⁰
  Berlin. Königst. RG, OP 1889 (95)

24   **Belling,** Eduard [Oberl. Dr.]: Zum 30. Juni 1888. Auf Kaiser
Friedrich. Bromberg, Buchdr. v. A. Dittmann, 1889; S. 13—14; 4⁰
  Bromberg, k. G, OP 1889 (142)

25   **Belser** [Prof. Dr.]: Grammatisch-kritische Erklärung von Lak-
tantius de mortibus persecutorum cap. 34: Toleranzedikt des Galerius.
Erlangen, Druck v. L. Weil (1889); S. 7—39; 4⁰
  Ellwangen, k. G, P 1889 (555)

26   **Berbig,** F. [Rekt. Dr.]: Urkunden der Lateinischen Schule zu
Crossen. Erster Teil. Crossen a. O., Buchdr. v. R. Zeidler (1889);
S. 3—25; 4⁰
  Crossen a. O., RPG u. PG, OP 1889 (109)

27   **Beschreibung** des neuen Gymnasialgebäudes zu Neustadt a. d.
Haardt. . . . Neustadt a. d. Haardt, J. H. Ziegler's Buch- u. Steindr.,
1889; 11 S., 3 Taf. 8⁰
  Neustadt a. d. Haardt, G, P 1889 •

28 **Betge,** Karl: Die Stellung der französischen Revolution zum Kultus und Unterricht. Neustettin, Druck v. R. G. Hertzberg, 1889; S. 1—8; 4⁰
   Neustettin, k. G, OP 1889 (129)

29 **Beyer,** Carl [Dr.]: Die Händel der Stadt Erfurt mit den Lengenfelds und dem Markgrafen Wilhelm von Meißen 1393—1401. Erfurt, Ohlen=roth'sche Buchdr., 1889; 1 Bl, 15 S. 4⁰
   Erfurt, st. HB, OP 1889 (258)

30 **Beyersdorff,** Robert [Oberl. Dr.]: Giordano Bruno und Shake-speare. Oldenburg, Druck v. G. Stalling, 1889; S. 1—46; 4⁰
   Oldenburg, grossh. G, OP 1889 (630)

31 **Bindel,** Richard [Oberl.]: Die Erkenntnistheorie Hugos von St. Viktor. Ein Beitrag zur Geschichte der Theologie des zwölften Jahrhunderts. (Quakenbrück, Druck v. H. Buddenberg, 1889); S. 3—17; 4⁰
   Quakenbrück, RG, OP 1889 (316)

32 **Bindseil,** Fritz [Oberl. Dr.]: Über den Einfluss des klassischen Unterrichtes auf die Ausbildung der Sprachfertigkeit im Deutschen. Berlin, Druck v. W. Pormetter, 1889; 19 S. 4⁰
   Berlin, k. Luisen-G, OP 1889 (62)

33 **Binhack,** Franz: Die Äbte des Cisterzienser=Stiftes Waldsassen von 1133—1506. Zweite Abteilung. Eichstätt, Druck v. M. Däntler, 1889; 101 S. 8⁰
   Eichstätt, k. StA, P 1889 *

34 **Bischoff,** Albert [Prof. Dr.]: Beiträge zum Unterricht im Deutschen. Mit Beigabe exegetischer Miscellen. Landau, Buchdr. K. & A. Kaußler, 1889; 52 S. 8⁰
   Landau, k. StA, P 1889 *

35 **Bissinger,** K.: Funde römischer Münzen im Grossherzogtum Baden. III. Donaueschingen, A. Willibald'sche Hofbuchdr., 1889; 1 Bl., S. 33—42; 4⁰
   Donaueschingen, grossh. PG, P 1889 (571)

36 **Blasendorff,** K. [Oberl. Dr.]: Blücher als Gutsbesitzer. Pyritz, Druck b. Backe'schen Buchdr., 1889; S. 9—24; 4⁰
   Pyritz, k. Bismarck-G, OP 1889 (131)

37 **Bob,** Nicolaus [Prof.]: Zur Kritik und Erklärung der Satiren Juvenals. Kaiserslautern, Buchdr. v. Ph. Rohr, 1889; 35 S. 8⁰
   Kaiserslautern, k. StA, P 1889 *

38 **Bochmann,** Emil [Oberl. Dr.]: Zusammenhänge zwischen den Be-
völkerungen des Obererzgebirges und des Oberharzes. Dresden,
Druck v. B. G. Teubner, 1889; 29 S. 4^0
Dresden-Neustadt, k. G, OP 1889 (510)

39 **Boeckler,** Paul: Über einige Spuren des Altfranzösischen im
Neufranzösischen. Aschersleben, lithogr. Anst., Buch- u. Steindr.
v. K. Wedel, 1889; 1 Bl., 20 S. 4^0
Aschersleben, RG u. G, OP 1889 (246)

40 **Bödige,** N.: Das elektrische und magnetische Feld.... Duderstadt,
Druck v. Fr. Wagner, 1889; 22 S., 2 Taf. 4^0
Duderstadt, k. PG u. RPG, OP 1889 (318)

41 **Böklen** [Dr.]: Entwicklungs-Geschichte der Real-Anstalt in den
letzten 25 Jahren. Reutlingen, Buchdr. v. C. Rupp, 1889; S. 3—5; 4^0
Reutlingen, k. RA, P 1889 (565)

42 **Börner** [Dir. Dr.]: Methodischer Leitfaden der Experimental-
physik für höhere Schulen (Mechanik, Akustik.) Elberfeld, gedr. bei
S. Lucas (1889); 57 S. 8^0
Elberfeld, RG, OP 1889 (451)

43 **Boettcher,** H. [Oberl. Dr.]: Shakespeares „Julius Caesar". Graudenz, Druck v. G. Röthe, 1889; S. 3—26; 4^0
Graudenz, k. ev. G, OP 1889 (32)

44 **Bohle,** Georg: Der vorbereitende geometrische Unterricht in
Quinta. Crefeld, J. B. Klein'sche Buchdr., M. Buscher (1889);
S. 3—28; 4^0
Crefeld, R, OP 1889 (448)

45 **Borgmann,** Ferdinand: Über den Anfangsunterricht im Englischen
in der Sexta. Geestemünde, Druck v. Schaefer & Co., 1889;
33 S. 8^0
Geestemünde, PG u. HB, OP 1889 (321)

46 **Borowski,** F. W.: Fragen zur Erklärung der deutschen Gedichte
unseres Kanons. I. Teil: Gedichte für Sexta, Quinta und Quarta.
Danzig, A. Müller vorm. Wedel'sche Hofbuchdr., 1889; 14 S. 4^0
Culm, k. kath. G, OP 1889 (27)

47 **Braun,** Richard [Oberl.]: Beitrag zur Reform des lateinischen Unterrichts. Nakel, Druck v. R. Girond (1889); S. 1—25; 4^0
Nakel, k. G, OP 1889 (149)

48   **von Breska,** Adolf [Dr.]: Quellenuntersuchungen im 21. bis 23. Buche des Livius. Berlin, R. Gaertners Verlagsbuchh. H. Heyfelder, 1889; 22 S. 4⁰

Berlin, Luisenst. OR, OP 1889 (99)

49   **Breucker,** Gustav [Dr.]: Zur Würdigung des Dichters Andreas Gryphius. Eine litterarhistorische Studie. Trarbach, Buchdr. v. Ph. Ropp, 1889; 20 S. 4⁰

Trarbach, k. PG, OP 1889 (433)

50   **Brock,** Leopold [Dr.]: Das brandenburgische Heer in den Kriegen von 1688 bis 1697. II. (Beiträge zur brandenburgisch-preussischen Heeresgeschichte.) Beuthen O.-S., Druck d. Wolff'schen Buchh., 1889; 30 S. 4⁰

Königshütte O.-S., k. G, OP 1889 (181)

51   **Brohm,** E. [Dr.]: Gedächtnisrede auf den Hochseligen Kaiser Wilhelm I. . . . Zeitz, Druck v. E. Brendel, 1889; S. 19—24; 4"

Zeitz, k. Stifts-G, OP 1889 (245)

52   **Brütt,** Maximilian [Dr.]: Der Positivismus, nach seiner ursprünglichen Fassung dargestellt und beurteilt. Hamburg, gedr. bei Lütcke & Wulff, 1889; 2 Bl., 61 S. 4⁰

Hamburg, RG des Johanneums, OP 1889 (690)

53   **Brunnemann** [Dir. Dr.]: Die Elbinger höhere Bürgerschule 1841—1845. Elbing, Wernich'sche Buchdr. (1889); S. III—X; 4⁰

Elbing, st. RG, OP 1889 (45)

54   **Buchholz,** Ernst [Oberl. Dr.]: Die Lieder des Minnesingers Bernger von Horheim nach Sprache, Versbau, Heimat und Zeit. Emden, Druck v. Th. Hahn Wwe, 1889; S. 3—22; 4⁰

Emden, k. Wilhelms-G, OP 1889 (289)

55   **Buckendahl,** August [Oberl. Dr.]: Die flüssige Kohlensäure, ihre Darstellung, Eigenschaften und Verwendung, namentlich beim Unterrichte. Düsseldorf, gebr. bei A. Bagel (1889); S. 3—15; 4"

Düsseldorf, HB, OP 1889 (465)

56   **Burhenne,** Fritz: Das mittelenglische Gedicht Stans Puer Ad Mensam und sein Verhältnis zu ähnlichen Erzeugnissen des 15. Jhrh. Hersfeld, Druck v. L. Funk's Buchdr. (1889); 1 Bl., 21 S. 4⁰

Hersfeld, k. G u. RPG, OP 1889 (367)

57   **Burmann,** K. [Oberl. Dr.]: Die Lehre von den Sakramenten der christlichen Kirche. — Ein Kapitel evangelischer Polemik gegen die römische und griechische Kirche. Königsberg i. d. N., Druck v. J. G. Striese, 1889; 32 S. 4⁰

Königsberg i. d. N., Friedrich-Wilhelms-G, OP 1889 (78)

58   **Butzer**, Heinrich: Der Jonicus a maiore. Frankfurt a. M., Druck v. A. Mahlau (Fa. Mahlau & Waldschmidt), 1889; S. 3—26; 4⁰

       Frankfurt a. M., Wöhler-S (RG), OP 1889 (378)

59   **Cammerer**, Clemens: Bemerkungen über den lateinischen Unterricht in der dritten Lateinklasse (Quarta). Burghausen, Druck d. L. Russy'schen Buchdr. (1889); 79 S. 8⁰

       Burghausen, k. StA, P 1889 *

60   **Campe**, Viktor [Prof. Dr.]: Zum deutschen Unterricht in der Prima. Sprachproben und Stücke aus der Edda. Putbus, Druck v. A. Dose, 1889; 26 S. 4⁰

       Putbus, k. Pd, OP 1889 (130)

61   **Capeller**, Gustav: Die wichtigsten aus dem Griechischen gebildeten Wörter (mots savants) der französischen und englischen Sprache, zusammengestellt und etymologisch erklärt. Teil I. Gumbinnen, gedr. bei W. Krauseneck, 1889; S. 1—24; 4⁰

       Gumbinnen, st. RPG, OP 1889 (23)

62   **Carnuth**, Otto [Dir. Dr.]: Quellenstudien zum Etymologicum Gudianum II Teil. Danzig, Druck v. E. Groening, 1889; 16 S. 4⁰

       Danzig, st. G, OP 1889 (29)

63   **Conrad** [Dr.]: Mark Aurels Markomanenkrieg. Neu-Ruppin, Dampf-Schnellpressendruck v. G. Kühn (1889); 21 S. 4⁰

       Neu-Ruppin, Friedrich-Wilhelms-G, OP 1889 (81)

64   **Conradt**, F. [Oberl. Dr.]: Stufenmässige Anordnung des trigonometrischen Lehrstoffs der Gymnasien. Leipzig, Gustav Fock, 1889; 39 S., 1 Taf. 4⁰

       Belgard, st. G, OP 1889 (121)

65   **Corssen**, Petrus: Epistularum Paulinarum codices grace et latine scriptos Augiensem Boernerianum Claromontanum examinavit inter se comparavit ad communem originem revocavit. Specimen alterum. *Jever*, typ. expr. H. Fiencke Kiliensis, 1889; 2 Bl., 30 S. 4⁰

       Jever, grossh. Marien-G, OP 1889 (629)

66   **Czerner**, Bartholomaeus: De difficultatibus quibusdam in Pindari carminibus explicandis. Gleiwitz, Neumann's Stadtbuchdr., 1889; 12 S. 4⁰

       Gleiwitz, k. kath. G, OP 1889 (174)

67   **Dahm**, Wilhelm: Ludwig des Deutschen Kampf um sein Erbteil. (Umschl.-Tit.: ... Erster Teil.) Brühl, Buchdr. v. K. Martini (1889); S. 3—14; 4⁰

       Brühl, PG, OP 1889 (401)

68   Darpe, Franz: Geschichte der Stadt Bochum. III. Urkundenbuch.
      A. Mittelalter. Bochum, Druck v. W. Stumpf, 1889; 2 Bl., 102 S. 8⁰
      Bochum, st. G, OP 1889 (333)

69   Davin, Carl: Beiträge zur Kritik der Quellen des ersten puni-
      schen Krieges. Schwerin, gedr. i. d. Bärensprungschen Hofbuchdr.,
      1889; 1 Bl., 41 S. 4⁰
      Schwerin, grossh. G Fridericianum, OP 1889 (615)

70   Debbe, C. W. [Dir.]: Ein Rückblick auf 25 Jahre. — Gedenktage
      der „Realschule von C. W. Debbe." — Ziel und Aufgabe der „Real-
      schule von C. W. Debbe." — Warum erreichen so viele Schüler ihr
      Schulziel nicht? — Verbotene Hilfe. — Licht- und Schattenseiten
      des Privatschulwesens. (Vortrag . . . am 22. Mai 1888.) — Aus der
      Denkschrift über das deutsche Privatschulwesen. Bremen, Druck
      v. H. M. Hauschild (1889); S. 3—37; 4⁰
      Bremen, R von C. W. Debbe, OP 1889 (686)

71   Dembowski, Johannes [Dr. Oberl.]: Mitteilungen über Goethe und
      seinen Freundeskreis aus bisher unveröffentlichten Aufzeichnungen
      des Gräflich Egloffstein'schen Familien-Archivs zu Arklitten. Lyck,
      Druck v. A. Glanert (vorm. R. Siebert), 1889; 34 S. 4⁰
      Lyck, k. G, OP 1889 (13)

72   Denker, Heinrich [Dr.]: Ein Beitrag zur litterarischen Würdigung
      Friedrichs von Logau. Hildesheim, Druck v. Gebr. Gerstenberg (1889);
      1 Bl., 96 S. 8⁰
      Hildesheim, k. Andreas-RG, OP 1889 (312)

73   a Destinon, Iustus [Dr.]: De Flauii Iosephi Bello Iudaico recen-
      sendo ad Benedictum Niese epistula critica. Kiliae, typ. Schmidt &
      Klaunig, 1889; 17 S. 4⁰
      Kiel, Gelehrten-S, OP 1889 (269)

74   Detlefsen, D. [Dir.]: Gedächtnisrede auf Seine Majestät den Hoch-
      seligen Kaiser Friedrich. . . . Glückstadt, Druck v. J. J. Augustin,
      1889; S. 1—12; 4⁰
      Glückstadt, k. G, OP 1889 (266)

75   Detlefsen, D. [Dir.]: Liste der aus den oberen Klassen des Gym-
      nasiums abgegangenen Schüler. 1786—1821. Glückstadt, Druck v.
      J. J. Augustin, 1889; S. 13—16; 4⁰
      Glückstadt, k. G, OP 1889 (266)

76   Deumling [Regierungs=Baumeister]: Beschreibung des neuen Gym=
      nasialgebäudes. Neuß, Buchdr. v. L. Schwann, 1889; S. 3—5; 4⁰
      Neuß, k. G, OP 1889 (425)

77 **Deutschmann,** Carolus: De poesis Graecorum rhythmicae usu et
origine. Coblenz, 1889; S. 3—29; 4⁰
    Coblenz, k. G, OP 1889 (403)

78 **Diekmann,** Josef [Rekt. Dr.]: Zur Auflösung der dreigliederigen
irrationalen Gleichungen mit beliebigen Radikanden. Viersen, Druck
v. M. Stoffels, 1889; S. 1—25; 4⁰
    Viersen, RPG, OP 1889 (473)

79 **Dietrich** [Oberl. Dr.]: Die rechtlichen Grundlagen der Genossen-
schaften der römischen Staatspächter. I. Die rechtliche Natur der
societas publicanorum. Meissen, gedr. bei C. E. Klinkicht & Sohn,
1889; S. 1—25; 4⁰
    Meissen, Fürsten- u. Landes-S St.Afra, P 1889 (516)

80 · **Diez,** Max [Prof. Dr.]: Friedrich Vischer und der ästhetische
Formalismus. Stuttgart, Buchdr. d. Paulinenpflege, 1889; S. 3—58; 4"
    Stuttgart, k. RA, P 1889 (567)

81 **Doehler,** Max: Beitrag zur Potentialtheorie. Die Green'sche
Funktion für das Rotationsellipsoid, den unendlichen Kreiscylinder
und Schalen, die von zwei konfokalen Rotationsellipsoiden resp. zwei
koaxialen unendlichen Kreiscylindern begrenzt werden. Brandenburg a. d. Havel, Druck v. G. Matthes (1889): 1 Bl., 39 S. 4⁰
    Brandenburg a. H., RAk, OP 1889 (66)

82 **Doerks,** Henry [Oberl. Dr.]: Bruber Wernher. Eine litterar=historische
· Unterjuchung. Treptow a. R., Schnellpressenbr. v. Fr. Lehfeldt, 1889
   S. 1—13; 4⁰
    Treptow a. R., f. Bugenhagen-G, OP 1889 (138)

83 **Dohmen:** Der lateinische Unterricht in Sexta und Quinta. Metz,
Buchdr. v. Gebr. Lang, 1889; S. 3—19; 4⁰
    Château-Salins, LS, MP 1889 (477)

84 **Dolega,** Silvius [Dr.]: Die Charakteristik als Schüleraufsatz. Rogasen, Druck v. Jonas Alexander's Wwe, 1889; S. 12—27; 4⁰
    Rogasen, f. G, OP 1889 (153)

85 **Domke,** [Proreft. Prof.]: Trauerrede auf den Tod Kaiser Friedrichs III....
Breslau, Druck v. Graß, Barth u. Comp. (W. Friedrich.), 1889;
   S. 6—8; 4⁰
    Breslau, RG zum heiligen Geist, OP 1889 (203)

86 **Duchâteau,** Otto [Dr.]: Der französische Unterricht nach Dr. O. Stein=
bart's Elementarbuch. Magdeburg, Druck v. E. Baensch jun., 1889;
   1 Bl., 25 S. 4⁰
    Magdeburg, Guericke-S (OR), OP 1889 (253)

87   **Dürr** [Prof. Dr.]: Das Heilbronner Gymnasium unter der Regierung
des Königs Karl von Württemberg. Festvortrag. . . . Heilbronn,
Druck v. C. Rembold's Buchdr., 1889; S. 1—21; 4⁰
Heilbronn, k. Karls-G, P 1889 (557)

88   **Dütschke,** Hans [Oberl. Dr.]: Goldonis Tasso. Burg, Druck v.
A. Hopfer, 1889; S. 3—44; 4⁰
Burg, Viktoria-G, OP 1889 (217)

89   **Eberhard,** J. B. [Dir. Dr.]: Rede bei der Trauerfeier zum Ge-
dächtnis Seiner Majestät des in Gott ruhenden Kaisers und Königs
Wilhelm I. . . . Sigmaringen, M. Liehner'sche Hofbuchdr., 1889;
S. 1—6; 4⁰
Sigmaringen, k. kath. G, OP 1889 (431)

90   **Eckardt,** Eugenius: De temporum ratione, quae Trachiniis fabulae
Sophocleae subest, et de eiusdem fabulae parodi contextu. Salz-
wedel, A. Menzels Buchdr. (1889); 12 S. 4⁰
Salzwedel, k. G, OP 1889 (236)

91   **Ehwald** [Prof. Dr.]: Ad historiam carminum Ovidianorum recen-
sionemque symbolae. Gotha, Druck d. Engelhard-Reyherschen Hofbuchdr., 1889; S. 1—20; 4⁰
Gotha, herz. G Ernestinum, OP 1889 (662)

92   Die **Einweihung** des neuen Gymnasialgebäudes (am 10.—12. Ok=
tober 1888). (Goslar, Druck v. J. Jäger & Sohn, 1889); 12 S., 1 Taf. 4⁰
Goslar, RG u. G, OP 1889 (308)

93   **Emmerich,** A. [Dr.]: Der Brocardsche Winkel des Dreiecks.
Eine geschichtliche Studie. Mülheim a. d. Ruhr, Buchdr. v. H.
Blech, 1889; 24 S., 1 Bl. 4⁰
Mülheim a. d. Ruhr, RG, OP 1889 (455)

94   **Engel,** Jakob [Oberl. Dr.]: Isokrates, Machiavelli, Fichte. Ein
Essay. Magdeburg, Druck v. C. Baensch jun., 1889; 1 Bl., 22 S. 4⁰
Magdeburg, RG, OP 1889 (252)

95   **Esternaux,** Paul: Die Komposition von Frontins Strategemata.
Berlin, Druck v. A. Haack, 1889; 23 S. 4⁰
Berlin, französisches G, OP 1889 (52)

96   **Ewald,** Franz: Die neueren Sprachen als Bildungsmittel. Rüdes=
heim, Buch= u. Steindr. v. Fischer & Metz, 1889; S. 3—37; 4⁰
Geisenheim, RPG, OP 1889 (390ⁿ)

97   **Eyfert,** Anton [Oberl.]: Über die „Erziehung zur Freiheit". Montabaur,
Buchdr. v. A. Sauerborn (1889); S. 3—17; 4⁰
Montabaur, Kaiser Wilhelms-G, OP 1889 (369)

98   **Fahland**, Bernhard [Oberl. Dr.]: Gereimte Übersetzungen einiger Stellen römischer und griechischer Dichter. Greifenberg i. Pomm., gedr. bei C. Lemcke (1889); S. 1—20; 4⁰
Greifenberg, Friedrich-Wilhelms-G, OP 1889 (126)

99   **Fassbaender**, Franz [Dr.]: Quaestiones grammaticae ad Polybium pertinentes . . . Crefeld, Druck v. Kramer & Baum (1889); S. 3—12; 4⁰
Crefeld, G, OP 1889 (408)

100   **Faust**, Richard [Oberl. Dr.]: Das erste englische Lustspiel in seiner Abhängigkeit vom *Moral-Play* und von der römischen Komödie. Dresden, Druck v. C. Heinrich (1889); S. 3—22; 4⁰
Dresden, neust. RG, OP 1889 (527)

101   **Fiebiger**, Ernst [Dr.]: Über die Selbstverleugnung bei den Hauptvertretern der deutschen Mystik des Mittelalters. I. Teil. *Brieg, Buchdr. E. Kirchner* (1889); S. 1—22; 4⁰
Brieg, k. G, OP 1889 (170)

102   **Fischer**, Karl [Hilfsl.]: Das Melde'sche Capillarbarometer. Marburg, Univ.-Buchdr. (R. Friedrich), 1889; 1 Bl., 22 S., 1 Taf. 4⁰
Marburg, k. G, OP 1889 (368)

103   **Fiſcher**, Karl [Dir. Prof. Dr.]: Iſt eine Philoſophie der Geſchichte wiſſenſchaftlich erforderlich bezw. möglich? Dillenburg, E. Weidenbach'ſche Buchdr., 1889; 53 S., 1 Bl. 8⁰
Dillenburg, k. G, OP 1889 (361)

104   **Floeckner**, Carl [Prof. Dr.]: Kritik der Grundelemente des Gratry'schen Systems. Beuthen O.-S., Druck v. B. Wylezol & Comp. (R. Feist.), 1889; 1 Bl., 27 S. 4⁰
Beuthen O.-S., st. kath. G, OP 1889 (163)

105   **Franke**, A. [Prof. Dr.]: Übungsstücke zum Übersetzen aus dem Deutschen ins Lateinische für obere Gymnasialklassen. I. Neisse, Druck v. F. Bär, 1889; S. 1—14; 4⁰
Neisse, k. kath. G, OP 1889 (187)

106   **Franken**, A. [Oberl.]: Rumänische Volksdichtungen. *Danzig, Druck v. A. W. Kafemann*, 1889; 41 S. 8⁰
Danzig, RG zu St. Petri u. Pauli, OP 1889 (44)

107   **Frankenbach**, Friedrich Wilhelm [Dr.]: Das dem Dreieck einbeschriebene Quadrat. Liegnitz, Druck v. A. Niegisch, 1889; 20 S. 8⁰
Liegnitz, st. HB (Wilhelms-S), OP 1889 (214)

108   **Franzsen**, Georg [Oberl. Dr.]: Zur Überbürbungsfrage. Hagen,
Buchdr. v. G. Butz, 1889; 1 Bl., 11 S. 4⁰
Hagen, RG u. G, OP 1889 (349)

109   **Franziszi**, Franz: Horatius als Nachahmer griechischer Lyriker, (haupt=
sächlich mit Rücksicht auf das I. Buch der Oden). Passau, F. W.
Keppler'sche Buchdr., 1889; 28 S. 8⁰
Passau, k. StA, P 1889 •

110   **Frenzel, C.**: Anwendung der Weierstrass'schen Theorie der ellip-
tischen Funktionen zur Bestimmung der Bewegung eines materiellen
Punktes auf einem Kreise, einer Kettenlinie und einer Parabel.
Danzig, Druck v. A. W. Kafemann, 1889; 38 S. 4⁰
Lauenburg i. P., PG, OP 1889 (128)

111   **Frenzel, Jos.**: Die Entwickelung des relativen Satzbaues im
Griechischen. Wongrowitz, Druck v. P. Schwarz, 1889; 82 S. 8⁰
Wongrowitz, k. G, OP 1889 (158)

112   **Frey, Joseph** [Dir. Dr.]: Über die Schulordnung des Hochstifts
Münster vom Jahre 1776. Münster, Druck d. Coppenrathschen
Buchdr., 1889; S. 1—24; 4⁰
Münster, k. Paulinisches G, OP 1889 (340)

113   **Friderich** [Rekt. Dr.]: Die Schulverhältnisse Reutlingens zur Zeit
der freien Reichsstadt. II. Teil. . . . Reutlingen, Buchdr. v. C. Rupp,
1889; S. 16—42; 4⁰
Reutlingen, k. G, P 1889 (559)

114   **Friedrich**, Gulielmus: Varietas lectionis codicis Vossiani LXX ad
Ciceronis libros qui vulgo de inventione vocantur duos. Molhusis Thu-
ringorum, in aed. C. Andresi, 1889; 38 S. 8⁰
Mühlhausen i. Thür., G u. RPG, OP 1889 (229)

115   **Friedrich, P.** [Oberl. Dr.]: Die Sträucher und Bäume unserer
öffentlichen Anlagen, insbesondere der Wälle. Lübeck, Druck v.
Gebr. Borchers, 1889; S. 1—64, 1 Kart. 4⁰
Lübeck, Katharineum, OP 1889 (695)

116   **Fritz**, Heinrich: Über die erste Graßmann'sche Erzeugungsweise der
ebenen Kurven 3. Ordnung und deren Analogon im Raume. Darmstadt,
C. F. Winter'sche Buchdr., 1889; S. 3—30; 4⁰
Darmstadt, Ludwig-Georgs-G, OP 1889 (595)

117   **Froehlich**, Henricus: De grammaticae latinae locis aliquot con-
troversis. *Hagenau, F. Gilardone* (1889); 1 Bl., 21 S. 4⁰
Hagenau, G u. R, P 1889 (482)

118   Fuchs, Hugo: Ein Hexenprozess in Schleusingen aus dem Jahre 1663.
Meiningen, Druck d. Keyssner'schen Hofbuchdr. (1889); S. III—XIII; 4⁰
Schleusingen, k. Pr. Hennebergisches G, OP 1889 (238)

119   Fürle, Hermann [Dr.]: Über die eindeutigen Lösungen einer Gruppe
von Funktionalgleichungen.   Berlin, R. Gaertners Verlagsbuchh.
H. Heyfelder, 1889; 21 S. 4⁰
Berlin, IV. st. HB, OP 1889 (107)

120   Füsslein, Karl [Dr.]: Über Ciceros erste Rede gegen Catilina.
Merseburg, Druck v. Hottenroth & Schneider (1889); 20 S. 4⁰
Merseburg, Dom-G, OP 1889 (228)

121   Fuhrmann, Wilhelm [Oberl. Prof.]: Der Brocardsche Winkel. . . .
Königsberg i. Pr., Hartungsche Buchdr., 1889; 1 Bl., 28 S., 1 Taf. 4⁰
Königsberg i. Pr., k. RG auf der Burg, OP 1889 (19)

122   Funcke, Heinrich [Oberl. Dr.]: Von der Krümmung des Eisenbahn-
gleises, der Gestalt des Laufkranzes und dem Lauf des Wagens in ge-
rader Bahn. Potsdam, gebr. bei J. Großmann, 1889; S. 3—8; 4⁰
Potsdam, st. R, OP 1889 (115)

123   Gaede, R. [Dr.]: Die lateinischen Schulgrammatiken von Ellendt-
Seyffert (30. Auflage) und von Stegmann (3. Auflage). Ein Ver-
gleich. Danzig, A. Müller vormals Wedel'sche Hofbuchdr., 1889;
18 S. 4⁰
Danzig, k. G, OP 1889 (28)

124   Gaisser [Rekt.]: Glückwunschadresse des Lehrerkollegiums. *Ellwangen, Druck v. L. Weil* (1889); S. 3—5; 4⁰
Ellwangen, k. G, P 1889 (555)

125   Garthe, Emil [Dr.]: Ueber die tägliche und jährliche Periode der
Variationen der erdmagnetischen Kraft im Moltkehafen auf Süd-
Georgien während der Polarexpeditionen von 1882 und 1883.
Göttingen, Druck d. Univ.-Buchdr. v. W. Fr. Kästner, 1889;
34 S., 4 Taf. 4⁰
Eschwege, Friedrich-Wilhelms-R, OP 1889 (376)

126   Gast, E. R. [Prof.]: Vorlagen zu Lateinischen Extemporalien in
Prima. Zerbst, Druck v. O. Schnee, 1889; 1 Bl., 22 S. 4⁰
Zerbst, herz. Francisceum, OP 1889 (644)

127   Gawanka, C. [Oberl. Dr.]: De summo bono quae fuerit Stoicorum
sententia.   Osterode Ostpr., Buchdr. v. C. E. Salewski, 1889;
14 S. 4⁰
Osterode, st. RG, OP 1889 (21)

128 **Geiger,** Gobhard [P. O. S. B. Prof.]: C. Marius Victorinus Afer ein neuplatonischer Philosoph. (2. Teil.) Landshut, Druck b. J. Tho= mann'schen Buchdr. (1889); 1 Bl., S. 71—118; 8⁰
Metten, k. StA, P 1889 *

129 **Gelbe,** Theodor [Dir. Dr.]: Stilübungen in den beiden oberen Klassen lateinloser höherer Schulen. Leipzig-Reudnitz, Druck v. Max Hoffmann, 1889; S. 3—29; 4⁰
Leipzig-Reudnitz, st. R mit PG, OP 1889 (548)

130 **Gemoll,** A. [Rekt. Dr.]: Das Recht von Gortyn. Striegau, Druck d. E. Gröger'schen Buchdr. (F. Breyther) (1889); 1 Bl., 26 S. 4⁰
Striegau, st. PG, OP 1889 (199)

131 **Gemoll,** Wilhelm: Beiträge zur Kritik und Erklärung von Xenophons Anabasis. II. Theil. Kreuzburg O.-S., Druck v. E. Thielmann (1889); 1 Bl., 33 S. 4⁰
Kreuzburg O.-S., G, OP 1889 (182)

132 **Giebe,** Alfred: Biblisches Lectionarium . . . Naumburg a. S., Druck v. H. Sieling (1889); S. 1—42; 4⁰
Naumburg, Dom-G, OP 1889 (230)

133 **Glänzer,** Karl [Oberl. Dr.]: Die Gegenkurven der Kegelschnitte. Hamburg, gedr. bei Lütoke & Wulff, 1889; 1 Bl., 29 S., 2 Taf. 4⁰
Hamburg, Wilhelm-G, OP 1889 (689)

134 **Glatzel,** Paul [Oberl. Dr.]: Zur Methodik des physikalischen Unterrichts. Berlin, R. Gaertners Verlagsbuchh. H. Heyfelder, 1889; 26 S. 4⁰
Berlin, Friedrichs-RG, OP 1889 (94)

135 **Glaw,** Johannes Nicolaus: Die Elemente des alten Chorals. Allenstein, Druck v. A. Harich, 1889; S. I–XXII; 4⁰
Allenstein, k. G, OP 1889 (1)

136 **Gloël,** Heinrich [Dr.]: Der deutsche Stil und seine Pflege auf den höheren Schulen. Wesel, Buchdr. v. C. Kühler, 1889; 58 S. 8⁰
Wesel, k. G, OP 1889 (436)

137 **Glückwunsch** des Lehrercollegiums zum XXV-jährigen Regierungs-jubiläum seiner Majestät des Königs Karl. Tübingen, L. Fr. Fues'sche Buchdr. (W. Armbruster & O. Riecker), 1889; S. 3—6; 4⁰
Maulbronn, ev.-theol. Sm, P 1889 (553)

138 **Gneisse,** Karl [Oberl. Dr.]: Untersuchungen zu Schillers Aufsätzen „Ueber den Grund des Vergnügens an tragischen Gegenständen", „Ueber die tragische Kunst" und „Vom Erhabenen" („Ueber das Pathetische"). — Ein Beitrag zur Kenntnis von Schillers Theorie der Tragödie. Weissenburg i. E., Druck v. C. Burckardt's Nachfolger, 1889; VIII, 37 S. 4⁰
Weissenburg i. E., G, P 1889 (494)

139 **Goebel** [Dir. Prof. Dr.]: Bemerkungen zu Aristoteles' Metaphysik. Soest, Nasse'sche Buchdr., 1889; S. 3—12; 4⁰
Soest, Archi-G, OP 1889 (344)

140 **Görges,** W. [Oberl.]: Das Turnwesen und die Pflege körperlicher Übungen am Johanneum. Lüneburg, Druck d. v. Sternschen Buchdr., 1888; S. 13—27; 4⁰
Lüneburg, Johanneum, OP 1889 (299)

141 **Goldscheider,** Franz: Das Reziprozitätsgesetz der achten Potenzreste. Berlin, R. Gaertners Verlagsbuchh. H. Heyfelder, 1889; 29 S. 4⁰
Berlin, Luisenst. RG, OP 1889 (96)

142 **Goldscheider,** Paul [Dr.]: Die Erklärung deutscher Schriftwerke in den oberen Klassen. Mülheim a. Rh., Druck v. C. G. Künstler Wwe, 1889; 16 S., 1 Bl. 4⁰
Mülheim a. Rh., RG, OP 1889 (454)

143 **Gombert,** Albert [Oberl. Prof. Dr.]: Weitere Beiträge zur Altersbestimmung neuhochdeutscher Wortformen. Gross-Strehlitz, Druck v. Marie verw. Hübner (1889); S. 1—24; 4⁰
Gross-Strehlitz, k. G, OP 1889 (198)

144 **Graul,** J. [Dr.]: Geologische Beschreibung der Umgebung von Rappoltsweiler. Rappoltsweiler, Buchdr. v. S. Brunschweig, 1889; S. 3—32; 4⁰
Rappoltsweiler, R, P 1889 (501)

145 **Grautoff,** P. [Dir. Dr.]: Rede zum Gedächtnis Sr. Majestät des Hochseligen Kaisers Wilhelm ... Minden, gedr. bei J. C. C. Bruns, 1889; S. 3—6; 4⁰
Minden, k. ev. G u. RG, OP 1889 (339)

146 **Greiner,** H. [Dr.]: Verzeichnis der Schulbibliothek. A. Lehrerbibliothek. Weimar, Druck d. Hof-Buchdr., 1889; S. 3—23; 4⁰
Weimar, RG, OP 1889 (638)

147 **Gremmelspacher,** K. [Prof.]: Menschengeist und Thierseele. Bruchsal, Druck v. D. Weber, 1889; 1 Bl., 35 S. 4⁰
Bruchsal, grossh. G, P 1889 (570)

148   **Grimm,** K. R. [Oberl.]: Bedeutung und Methode des naturgeschicht-
lichen Unterrichtes. Frankenberg i. S., Druck v. C. G. Rossberg
(1889); 1 Bl., 23 S. 4⁰
Frankenberg i. S., R mit PG, OP 1889 (536)

149   **Gropius,** Richard [Oberl.]: Isidor. Hispal. Etymol. XIII, 13 (de
diuersitate aquarum) als Handhabe zur Beurteilung von Isidorus-
Handschriften. Weilburg, Druck v. A. Cramer (1889); S. 1—10; 4⁰
Weilburg, k. G, OP 1889 (371)

150   **Grosch,** Gustav [Dir.]: Rede zur Vorfeier des Geburtstags
Sr. Majestät Kaiser Wilhelms II. . . . Nordhausen, Druck v. C.
Kirchners Buchdr. (Inh.: F. C. Schmülling) (1889); S. 20—26; 4⁰
Nordhausen, G, OP 1889 (232)

151   **Gross,** Peter [Oberl. Dr.]: Philosophische Propädeutik für Gymnasien. IV. *Kempen, Buch- u. Steindr. v. A. Wefers* (1889); 24 S. 4⁰
Kempen, k. G Thomaeum, OP 1889 (419)

152   **Grosse,** Emil: Zur Erklärung von Schillers Gedichten „Das
Ideal und das Leben" und „Würde der Frauen". Königsberg, Pr.,
Hartungsche Buchdr., 1889; 1 Bl., 28 S. 4⁰
Königsberg, Pr., k. Wilhelms-G, OP 1889 (8)

153   **Große,** Hermann [Dr.]: Beiträge zur Syntax des griechischen Mediums
und Passivums. Dramburg, Druck v. Th. Kämpf, 1889; S. 3—15; 4⁰
Dramburg, k. G, OP 1889 (125)

154   **Grosser,** Richard [Dir. Prof. Dr.]: Statistischer Rückblick auf das
zweite Dezennium des Gymnasiums (das dritte der höheren Lehranstalt) zu
Wittstock. (Wittstock, Otto Wessoly) 1889; S. 1—27; 4⁰
Wittstock, k. G, OP 1889 (88)

155   **Grühn** [Oberl. Dr.]: Das Klima von Meldorf nach den Beobachtungen
der meteorologischen Station. Teil III. Meldorf, gebr. i. P. Bundies
Buchdr. (O. Sager) (1889); S. 3—29; 4⁰
Meldorf, k G, OP 1889 (270)

156   **Grupp,** Rudolf: Die deutschen Didaktiker und die Schulen des
XII. und XIII. Jahrhunderts. Ein kulturhistorischer Versuch.
Schluss. Brandenburg a. d. H., Buchdr. v. J. Wiesike, 1889;
1 Bl., 16 S. 4⁰
Brandenburg a. d. H., G, OP 1889 (67)

157   **Güssow,** Otto: Über Hülfsmittel für den Unterricht in der Natur-
beschreibung und ihre Verwertung. Quedlinburg, Druck v. C. Voges,
1889; 1 Bl., 17 S. 4⁰
Quedlinburg, k. G, OP 1889 (234)

158   **Guttmann,** Wilh.: Zur Vorgeschichte des Königlichen Gymnasiums zu Bromberg. Bromberg, Buchdr. v. A. Dittmann, 1889; S. 14—16; 4⁰
  Bromberg, k. G, OP 1889 (142)

159   **Guttmann,** Wilh.: Zum 22. März 1888. — Zum 30. Juni 1888. Bromberg, Buchdr. v. A. Dittmann, 1889; S. 3—11; 4⁰
  Bromberg, k. G, OP 1889 (142)

160   **Haacke,** F. [Dr.]: Mystizismus und Pessimismus bei Schopenhauer. Bunzlau, C. A. Voigt's Buchdr. (G. Wolf), 1889; 1 Bl., 18 S. 4⁰
  Bunzlau, k. Waisen- u. Schul-A, G, OP 1889 (171)

161   **van Haag:** Ewald Christian von Kleist als Idyllendichter. Rheydt, *Druck v. H. Leuchtenrath,* 1889; S. 3—17; 4⁰
  Rheydt, R, OP 1889 (457)

162   **Haage,** R. [Dir.]: Beschreibung der Feier des funfzigjährigen Dienstjubiläums des Rektors Dr. Kohlrausch. Lüneburg, Druck d. von Stern'schen Buchdr., 1889; S. 3—4; 4⁰
  Lüneburg, Johanneum, OP 1889 (299)

163   **Haage,** R. [Dir.]: Über den Wert der Freundschaft nach der antiken und nach der christlichen Anschauung. Lüneburg, Druck d. v. Sternschen Buchdr., 1888; S. 3—12; 4⁰
  Lüneburg, Johanneum, OP 1889 (299)

164   **Haentzschel,** Emil [Dr.]: Beitrag zur Theorie der Funktionen des elliptischen und des Kreiscylinders. Berlin, R. Gaertners Verlagsbuchh. H. Heyfelder, 1889; 19 S. 4⁰
  Berlin, III. st. HB, OP 1889 (106)

165   **Häussner,** J. [Dᴿ.]: Die handschriftliche Überlieferung des L. Innins Moderatus Columella (de re rustica) mit einer kritischen Ausgabe des X. Buches. Karlsruhe, Druck d. G. Braun'schen Hofbuchdr., 1889; 38 S., 1 Taf. 4⁰
  Karlsruhe, grossh. G, P 1889 (575)

166   **Hahn** [Dr.]: Johann Nikolaus Götz, die Winterburger Nachtigall. Ein Beitrag zur deutschen Literaturgeschichte. 1. Teil. Birkenfeld, Druck v. C. F. Kittsteiner, 1889; S. 3—32; 4⁰
  Birkenfeld, Großh. G, OP 1889 (627)

167   **Hahn,** Hermann: Eulers Methode der Parameterdarstellung algebraischer Kurven. Berlin, R. Gaertners Verlagsbuchh. H. Heyfelder, 1889; 32 S. 4⁰
  Berlin, Margarethen-S, OP 1889 **

168   **Hahn**, Wilhelm [Oberl. Dr.]: Zeus in der Ilias. II. Stralsund,
Druck d. k. Regierungs-Buchdr., 1889; S. 1—28; 4⁰
Stralsund, G, OP 1889 (137)

169   **Hampke**, H. [Dir. Prof. Dr.]: Rede . . . gehalten bei der Gedächt-
nisfeier für Kaiser Friedrich. Göttingen, Druck v. L. Hofer, 1889;
S. 7—13; 4⁰
Göttingen, k. G u. RG, OP 1889 (290)

170   **Handel**, Otto [Oberl. Dr.]: Metrische Beziehungen an Tangenten-
figuren der Kegelschnitte. *Breslau*, Breslauer Genoss.-Buchdr., E. G.
(1889); 20 S., 4 Taf. 4⁰
Reichenbach, König Wilhelms-S, OP 1889 (209)

171   **Harder**, Franz [Dr.]: Über die Fragmente des Maecenas. Berlin,
R. Gaertners Verlagsbuchh. H. Heyfelder, 1889; 23 S. 4⁰
Berlin, Luisenst. G, OP 1889 (63)

172   **Hartert**, Albert: Schulaufsätze, ein Beitrag zum deutschen Unterricht
in den oberen Klassen. Gütersloh, gebr. bei C. Bertelsmann, 1889;
40 S. 4⁰
Gütersloh, ev. G, OP 1889 (337)

173   **Hartmann**, Thomas [Dr.]: Meleager in der griechisch-römischen
Kunst, mit einer Einleitung über die Verwertung antiker Denkmäler
bei der Lektüre von Schulautoren. Wohlau, Buchdr. „Schlesische
Dorfzeitung". (Dr. Schulze), 1889; 15 S. 4⁰
Wohlau, k. G, OP 1889 (201)

174   **Hartwig** [Dir. Prof. Dr.]: Eröffnung des Gymnasiums. Frank-
furt a. M., Druck v. A. Mahlau (Fa. Mahlau & Waldschmidt), 1889;
S. 1—14, 2 Taf. 4⁰
Frankfurt a. M., k. Kaiser Friedrichs-G, OP 1889 (362)

175   **Hasper**, L. [Dir. Dr.]: Goethe als Dramatiker. Leipzig, G. Fock (1889);
24 S. 8⁰
Gr. Glogau, k. ev. G, OP 1889 (175)

·176   **Hasse**, Ernst: Ueber den Dual bei Xenophon und Thucydides.
Bartenstein, gedr. bei Gebr. Kraemer, 1889; 21 S. 4⁰
Bartenstein, k. G, OP 1889 (2)

177   **Haub**, Eduard [Oberl.]: Über die Auflösung von Differentialgleichun-
gen, welche sich durch eine bestimmte Substitution aus einer linearen
Differentialgleichung mit konstanten Koeffizienten ergeben. Rössel,
Druck v. B. Kruttke (1889); S. I—XII; 4⁰
Rössel, k. G, OP 1889 (16)

178 **Haupt** [Dr.]: Über die deutsche Lyrik bis zu Walther von der Vogelweide. I. Teil. Annaberg, Druck v. C. E. Kästner, 1889; S. 1—32; 4⁰
   Annaberg, k. RG nebst PG , OP 1889 (522)

179 **Haussding,** Friedrich [Oberl. Dᴿ.]: Bemerkungen zur Atlasfrage. Breslau, Buchdr. Lindner (1889); XVIII S. 4⁰
   Breslau, k. OR, OP 1889 (204)

180 **Hedicke,** Edmund: M. Tulli Ciceronis libellus de optimo genere oratorum. Soraviae Lusatorum, impr. J. D. Rauert, 1889; 8 S. 4⁰
   Sorau, G, OP 1889 (85)

181 **Hehle** [Rekt. Dr.]: Kulturgeschichtliches aus Neuwürttemberg. Das ehemalige Zwiefalter Gymnasium und Kollegium zu Ehingen in seiner Erstlingsperiode (1686—1719). Stuttgart, Druck d. J. B. Metzlerschen Buchdr., 1889; 1 Bl., 32, 16 S. 4⁰
   Ehingen, k. G, P 1889 (554)

182 **Heims,** Bruno: Über die Aneignung des Wortschatzes beim Unterricht in den neueren Sprachen nebst einem systematischen Vokabular für das Englische auf den Unterstufen. Bergedorf, gedr. i. E. Wagners Buchdr., 1889; S. 3—49; 4⁰
   Bergedorf, Hansa-S, OP 1889 (687)

183 **Heinisch,** Max [Oberl.]: Beiträge zur Klimatologie von Leobschütz. I. Niederschlagsverhältnisse. . . . Leobschütz, Druck v. J. Gomolka (1889); S. 1—11; 4⁰
   Leobschütz, k. kath. G, OP 1889 (184)

184 **Heinrich,** Reinhold [Hülfsl.]: Schleiermachers ethische Grundgedanken, nach den von ihm selbst veröffentlichten ethischen Werken dargestellt und in ihrem Zusammenhange mit der deutschen Romantik betrachtet. Kempen, gebr. i. P. Amulong's Buchdr. (1889); 21 S. 4⁰
   Kempen, st. PG, OP 1889 (145)

185 **Heinzerling,** J. [Oberl. Dr.]: Fremdwörter unter deutschen und englischen Tiernamen. Siegen, Druck v. W. Vorländer, 1889; 30 S. 8⁰
   Siegen, RG, OP 1889 (353)

186 **Heldmann** [Dir. Dr.]: Festrede gehalten am 26. Januar 1889 . . . zur Vorfeier des Allerhöchsten Geburtstages Sr. Majestät des Deutschen Kaisers Wilhelm II. Bückeburg, Druck d. Grimmeschen Hofbuchdr. A. Grimme (1889); S. 1—8; 4⁰
   Bückeburg, fürstl. Adolfinum, G u. RPG, OP 1889 (671)

187 **Hellwig,** Paul [Dr.]: Über den Pleonasmus bei Cäsar. Berlin, R. Gaertners Verlagsbuchh. H. Heyfelder, 1889; 26 S. 4⁰
   Berlin, Sophien-G, OP 1889 (64)

188   **Henke**, Oskar [Dir. Dr.]: Versuch eines methodischen Lehrbuches
der deutschen Kurzschrift nebst einer Einleitung betreffend die Entwickelung der Kurzschrift in Deutschland, ihre heutige Gestaltung
und die Anforderungen der Schule an dieselbe. Barmen, Steinborn &
Co., 1889; 60, 25 S. 8⁰
    Barmen, G, OP 1889 (398)

189   **Henſe**, Joſeph [Dir. Prof. Dr.]: Grundzüge der philoſophiſchen Propä=
deutif. Warburg, Druck b. Fr. Quickſchen Buchdr., 1889; S. 3—20; 4⁰
    Warburg, G, OP 1889 (345)

190   **Hentze**, C. [Prof. Dr.]: Die Parataxis bei Homer. II. Teil.
Göttingen, Druck v. L. Hofer, 1889; S. 14—27; 4⁰
    Göttingen, k. G u. RG, OP 1889 (290)

191   **Heraeus**, Guilelmus [Kand. Dr.]: Vindiciae Livianae. Part. I. Hanau,
Waisenhaus-Buchdr. (1889); S. 1—16; 4⁰
    Hanau, k. G, OP 1889 (366)

192   **Hermann**, Ernst: Über Dantes Göttliche Komödie. Baden-Baden,
A. v. Hagen'sche Hof-Buchdr. (Weber & Kölblin), 1889; 38 S. 4⁰
    Baden, grossh. G u. HB, P 1889 (569)

193   **Hermes**, Emil [Dr.]: Kritische Beiträge zu den Briefen des Philo-
sophen L. Annaeus Seneca. Moers, Druck v. J. W. Spaarmann, 1889;
14 S., 1 Bl. 4⁰
    Moers, G Adolfinum, OP 1889 (423)

194   **Hermes**, Franz: Neue Beiträge zur Kritik und Erklärung des
Catull. Frankfurt a. O., k. Hofbuchdr. Trowitzsch & Sohn, 1889;
1 Bl., 16 S. 4⁰
    Frankfurt a. O., k. Friedrichs-G, OP 1889 (72)

195   **Herwig**, Chriſtian [Oberl. Dr.]: Das Wortſpiel in Ciceros Reden.
Siegen, Druck v. W. Vorländer, 1889; S. 3—19; 4⁰
    Attenborn, G, OP 1889 (331)

196   **Heß**, Georg [Dir.]: Überſicht über die Geſchichte des K. Chriſtianeums
zu Altona. Feſtſchrift. . . . Altona, Druck v. P. Meyer, 1888;
1 Bl., 34 S., 1 Taf. 4⁰
    Altona, k. Chriſtianeum, OP 1889 (264)

197   **Heſſelbarth** [Oberl. Dr.]: Aus der Geſchichte des alten Lippſtädter
Gymnaſiums. Lippſtadt, Druck: C. Hegener (1889); S. 3—12; 4⁰
    Lippſtadt, RG, OP 1889 (350)

198 Heubach, H. [Dr.]: Quibus vocabulis artis criticae propriis usi sint Homeri (codicis Veneti A) scholiastae. Specimen. Eisenach, Hofbuchdr., 1889; S. 3—23; 4⁰
Eisenach, großh. RG, OP 1889 (635)

199 Heyden, Heinrich [Dr.]: Beiträge zur Geschichte des höheren Schulwesens in der Oberlausitz. Zittau, Druck v. R. Menzel, 1889; 1 Bl., 28 S. 4⁰
Zittau, G, OP 1889 (520)

200 Hillebrand, Joseph [Oberl. Prof.]: Zur Geschichte der Stadt und Herrschaft Limburg a. d. Lahn. III. Teil. Limburg a. d. Lahn, Druck v. Gebrüder Goerlach, 1889; S. 1—22, 1 Tab. 4⁰
Hadamar, k. G, OP 1889 (365)

201 Hindrichson, Georg: Zur geographischen Lage des älteren Hamburg. Hamburg, gedr. bei Lütcke & Wulff, 1889; 1 Bl., 11 S. 4⁰
Hamburg, neue HB, OP 1889 (692)

202 Hirsch, Mendel [Dir. Dr.]: Samson Raphael Hirsch. Frankfurt a. M., Buchdr. v. L. Golde, 1889; S. 3—10; 4⁰
Frankfurt a. M., R d. Israel. Religions-Gesellschaft, OP 1889 (381)

203 Höger, Franz Christian [Rekt.]: Kleine Beiträge zur Kritik und Erklärung der Monumenta Boica im Anschluss an den General-Index Teil II. zu Bd. XV—XXVII. Freising, Buchdr. v. Fr. P. Datterer, 1889; XI, 80 S. 8⁰
Freising, k. StA, P 1889 *

204 Hoffmann, Max [Dr.]: Der Codex Mediceus Pl. XXXIX N. 1 des Vergilius. Leipzig, Druck v. Breitkopf & Härtel, 1889; XX, 36 S. 4⁰
Pforta, k. Landes-S, OP 1889 (233)

205 Hoffmann, O. [Dr.]: Erklärungen zu Lykurgs Rede gegen Leokrates, für den Schulgebrauch bestimmt. II. Teil. cap. 18—37. Hamm, Grote'sche Buchdr. (Griebsch u. Müller), 1889; S. 3—16; 4⁰
Hamm, k. G, OP 1889 (338)

206 Hoffmann, R. [Oberl.]: Lessings Kunstgesetz und die Odysseebilder Prellers. Chemnitz, Druck v. J. C. F. Pickenhahn & Sohn, 1889; 32 S. 4⁰
Chemnitz, RG, OP 1889 (524)

207 Hofmeister, Gustav [Oberl.]: Bernhard von Clairvaux. Erster Teil. Berlin, R. Gaertners Verlagsbuchh. H. Heyfelder, 1889; 24 S. 4⁰
Berlin, Charlotten-S, OP 1889 **

208 **Hohaus,** W. [Dr.]: Die Bedeutung Gregors des Grossen als litur-
gischer Schriftsteller. I. Teil. Primus Ordo Romanus. Glatz,
Druck v. L. Schirmer, 1889; 21 S. 4⁰
Glatz, k. kath. G, OP 1889 (173)

209 **Hollenberg,** Joh. [Oberl.]: 1. Zur Methodik des biblischen Unter-
richts in den oberen Gymnasialklassen. 2. Über Übungsbücher zum
Übersetzen in das Lateinische für Tertia. Bielefeld, Druck v. Velhagen &
Klasing, 1889; S. 3—20; 4⁰
Bielefeld, G u. RG, OP 1889 (332)

210 **Hollenberg,** Wilh. Ad. [Dir. Dr.]: Gegen einen Missbrauch ab-
strakter Rede. Kreuznach, Druck v. Fr. Wohlleben, 1889; S. 3—16; 8⁰
Kreuznach, k. G, OP 1889 (420)

211 **Hossfeld,** August: Das Fadenpendel, eine erweiterte Darstellung
der Pendelbewegung. Hofgeismar, Hof-Buch- u. Steindr. v. L. Kese-
berg, 1889; 35 S. 4⁰
Hofgeismar, RPG, OP 1889 (391)

212 **Hübbe,** Walter: Das Nibelungenlied in neuhochdeutscher Bearbeitung. Hamburg, gedr. bei Lütoke & Wulff, 1889; 1 Bl., 42 S. 4⁰
Hamburg, Gelehrten-S d. Johanneums, OP 1889 (688)

213 **Huebner,** L. [Oberl. Dr.]: Beitrag zur Entwickelungsgeschichte der
Lehre von der Capillarität. Schweidnitz, Buchdr. v. O. Maisel (1889);
S. 1—19; 4⁰
Schweidnitz, ev. G, OP 1889 (196)

214 **Hübschmann,** Hugo [Oberl.]: Die Ringfunktionen und ihre An-
wendung auf die elektrostatischen Probleme des Ringes. Chemnitz,
Druck v. J. C. F. Pickenhahn & Sohn, 1889; 27 S. 4⁰
Chemnitz, k. G, OP 1889 (506)

215 **Hüpeden,** Gustav: Die menschliche Freiheit und ihre Beziehung zum
christlichen Glauben. Cassel, Druck v. L. Döll, 1889; S. 1—52; 4⁰
Cassel, k. Friedrichs-G, OP 1889 (358)

216 **Hüser** [Dir. Dr.]: Rede bei der Gedächtnisfeier für Seine Majestät
den Kaiser und König Friedrich. Brilon, M. Friedländer's Buchdr., 1889;
S. 3—6; 4⁰
Brilon, G Petrinum, OP 1889 (334)

217 **Hüter,** Ludwig: Konzentration des sprachlich-historischen und geographischen Unterrichts in der Unter-Tertia. (Gießen, Druck v. W. Keller,
1889); 31 S. 4⁰
Gießen, großh. G, OP 1889 (596)

218 **Husmann,** Albert [Oberl. Dr.]: Zur Einführung in die Physik. (Schluß.) Brilon, M. Friedländer's Buchdr., 1889; S. 7—26; 4⁰
Brilon, G Petrinum, OP 1889 (334)

219 **Jackwitz,** E. [Oberl.]: Das Gleichgewicht des Dreirads beim Wenden auf der schiefen Ebene. Schrimm, Druck v. H. Schwantes (1889); 8 S., 1 Taf. 4⁰
Schrimm, k. G, OP 1889 (155)

220 **Jacob,** Heinrich: Materialien zur Einübung der lateinischen Syntax. 2. Teil. Schweinfurt, Druck v. Fr. J. Reichardt, 1889; 88 S. 8⁰
Münnerstadt, k. StA, P 1889 *

221 **Jacobs,** Carl: Ein Fragment des Roman de Troie von Benoit de Ste.-More auf der Stadtbibliothek zu Bordeaux. (Msc. No. 674.) Hamburg, gedr. bei Lütoke & Wulff, 1889; 2 Bl., V, 48 S. 4⁰
Hamburg, HB, OP 1889 (691)

222 **Jäger,** Oskar [Dir. Dr.]: Gedächtnisreden zum 9. März und 18. Juni 1888. Köln, Druck v. J. S. Steven (1889); 2 Bl. 4⁰
Köln, k. Friedrich-Wilhelms-G, OP 1889 (406)

223 **Jahr,** Paul: De Iliadis libro decimo. Stettin, Druck v. Herrcke & Lebeling, 1889; S. 1—6; 4⁰
Stettin, Stadt-G, OP 1889 (134)

224 **Iber,** Heinrich [Oberl. Dr.]: Geschichte des Gymnasium Carolinum zu Osnabrück. Erster Teil. Osnabrück, Buchdr. v. A. Liesecke, 1889; S. 3—30; 4⁰
Osnabrück, k. G Carolinum, OP 1889 (302)

225 **Jentsch** [Oberl. Dr.]: Die prähistorischen Altertümer der Gymnasialsammlung zu Guben. Vierter Teil. Guben, Druck v. A. Koenig (1889); S. 1—22, 1 Taf. 4⁰
Guben, G u. RG, OP 1889 (77)

226 **Ihm,** Georg [Dr.]: Die Konzentrationsidee und ihre Bedeutung für die Ober-Tertia des Gymnasiums. Darmstadt, Druck v. H. Brill (1889); S. 3—18; 4⁰
Bensheim, grossh. G, P 1889 (593)

227 **Ilgen,** Hermann: Animadversiones ad L. Annaei Senecae philosophi scripta. Homburg v. d. Höhe, Buchdr. d. Taunusboten (G. Schudt), 1889; S. 3—20; 4⁰
Homburg v. d. Höhe, R u. PG, OP 1889 (384)

228 **John,** Eduard [Prof.]: Plutarch und Shakspere. Ein Beitrag zur Behandlung von Shaksperes Julius Cäsar in der Schule. Erste Abteilung. Wertheim a. M., E. Bechstein's Buch- u. Steindr., 1889; 22 S. 4⁰
Wertheim, grossh. G, P 1889 (584)

229 **Ipfelkofer,** Adalbert [Dr.]: Die Rhetorik des Anaximenes unter den Werken des Aristoteles. Würzburg, k. Universitätsdr. v. H. Stürtz, 1889; 55 S. 8⁰
Würzburg, k. neues G, P 1889 •

230 **Irmscher,** Emil: Vergils Aeneide, III. Buch, in freien Stanzen übersetzt. Dresden-N., Lehmann'sche Buchdr. (1889); S. 2—11; 4⁰
Dresden, R v. Dr. Zeidler, OP 1889 (535)

231 **Jungck,** Max: Flora von Gleiwitz und Umgegend (I. Teil.) Einleitung und Kryptogamen. Gleiwitz, Neumann's Stadtbuchdr., 1889; 1 Bl., X, 50 S. 8⁰
Gleiwitz, k. OR, OP 1889 (205)

232 **Jurisch,** Reinhard [Oberl.]: Schiller als Weltbürger und Freund seines Vaterlandes. Breslau, Druck v. Graß, Barth u. Comp. (W. Friedrich.), 1889; 16 S. 4⁰
Breslau, RG am Zwinger, OP 1889 (202)

233 **Kahl,** Wilhelm [Hilfsl. Dr.]: Democritstudien. I. Democrit in Ciceros philosophischen Schriften. Diedenhofen, Buchdr. v. F. Hollinger, 1889; 28 S. 4⁰
Diedenhofen, G, P 1889 (479)

234 **Kaiser,** L. [Dir. Dr.]: Dem Kaiser Friedrich III. zum Gedächtnis. (30. Juni 1888.) Wiesbaden, L. Schellenberg'sche Hof-Buchdr., 1889; S. 3—10; 4⁰
Wiesbaden, st. R, OP 1889 (386)

235 **Kalvoda,** Ludwig [Prof. Dr.]: Geschichte der Malonsäure. Dillingen, Druck v. L. Keller's Wwe (1889); 1 Bl., 84 S. 8⁰
Dillingen, k. StA, P 1889 •

236 **Karbaum,** Hermann [Dr.]: De origine exemplorum, quae ex Ciceronis scriptis a Charisio, Diomede, Arusiano Messio, Prisciano Caesariensi, aliis grammaticis Latinis allata sunt. Wernigerode, Druck v. B. Angerstein, 1889; 1 Bl., 18 S. 4⁰
Wernigerode, Gräflich Stolberg'sches G, OP 1889 (243)

237 **Karstens,** Johann [Dr.]: Die Stellung des altgermanischen Götterglaubens im Unterricht und die Verwertung der Edda. Memel gedr. bei F. W. Siebert, 1889; S. 3—28; 4⁰
Memel, k. G, OP 1889 (14)

238   **Katalog** der Lehrer-Bibliothek des K. Gymnasiums zu Erfurt.
Erfurt, Druck v. Fr. Bartholomaeus, 1889; 26 Bl. 8⁰
      Erfurt, k. G, OP 1889 (219)

239   **Kehr**, Joseph [Hilfsl. Dr.]: Die Erziehungsmethode des Michael
von Montaigne . . . Eupen, Druck v. C. J. Mayer, 1889; S. 3—25; 4⁰
      Eupen, PG, OP 1889 (415)

240   **Keffeler**, August Otto: Zur Methode des französischen Unterrichts.
Leipzig, G. Fock, 1889; 26 S. 4⁰
      Rawitsch, k. RG, OP 1889 (162)

241   **Kiessler**, Reinhold [Dir. Dr.]: Beiträge zur Geschichte der ersten
25 Jahre des Realgymnasiums zu Gera. Gera, Druck v. Gerth &
Oppenrieder, 1889; 44 S., 1 Bl. 4⁰
      Gera, st. RG, OP 1889 (674)

242   **Kipper**, Julius: Die Satiren des Quintus Horatius Flaccns in das
Deutsche übersetzt. Zweite Hälfte. Rostock, Druck v. Adlers
Erben, 1889; 23 S. 4⁰
  •   Rostock, G u. RG, OP 1889 (614)

243   *Kirschstein*, H. [Oberl.]: Katalog der Lehrer-Bibliothek. Marien-
burg, Druck v. L. Giesow (1889); 126 S. 8⁰
      Marienburg, k. G, OP 1889 (35)

244   **Klapp**, Hermann [Dir. Dr.]: Das neue Schulgebäude. Wandsbeck,
Druck v. Fr. Puvogel, 1889; S. I—XVIII, 1 Taf. 4⁰
      Wandsbeck, G mit RPG, OP 1889 (276)

245   **Kleber**, Paul: Die Rhetorik bei Herodot. (Umschl.-Tit.: I. Teil.)
Löwenberg i. Schl., Druck v. P. Müller, 1889; S. 3—27; 4⁰
      Löwenberg i. Schl., RPG, OP 1889 (215)

246   **Kleiber**, Ludwig [Dr.]: Die handschriftliche Überlieferung der
Lieder Ulrichs von Singenberg. Ein Beitrag zur Kritik der mittelhochdeutschen Liederhandschriften und zur Kenntnis Walthers von
der Vogelweide. Berlin, Druck v. A. W. Hayns Erben. (C. Hayn,
Hof-Buchdr.) (1889); S. 3—24; 4⁰
      Berlin, k. Friedrich-Wilhelms-G u. k. VS, OP 1889 (55)

247   **Klein**, Hermann [Oberl. Prof. Dr.]: Deduktion des Prinzips der Erhal-
tung der Energie. Dresden, Druck v. B. G. Teubner, 1889; S. 3—47; 4⁰
      Dresden, Vitzthumsches G, OP 1889 (508)

248	**Kleinen,** Wilhelm [Oberl.]: Die Einführung des Christentums in
	Köln und Umgegend. Teil II. Köln, Druck, J. A. Brocker, 1889;
	S. 3—16; 4⁰
		Köln, OR, OP 1889 (446)

249	**Klemer** [Hilfsl.]: Der Krieg Heinrichs IV. gegen Rudolf den Gegen-
	könig (1077—1080). Cüstrin, C.Nigmann's Buch- u. Steindr. (F.Koenig),
	1889; S. 1—23; 4⁰
		Cüstrin, Rats- u. Friedrichs-G, OP 1889 (70)

250	**Klingberg:** Beiträge zur Dioptrik der Augen einiger Haustiere.
	(Zweiter Teil.) Güstrow, Druck d. C. Waltenberg'schen Ratsbuchdr.,
	1889; 1 Bl., 20 S. 4⁰
		Güstrow, Dom-S (G), OP 1889 (612)

251	**Knaake,** Emil [Oberl.]: Geschichte des Königlichen Realgymnasiums
	zu Tilsit von 1839—1889. . . . Tilsit, gebr. bei O. v. Mauderode (1889);
	1 Bl., 112 S. 8⁰
		Tilsit, k. RG, OP 1889 (22)

252	**Knape,** Eduard [Rekt. Dr.]: Zwei Gedächtnisreden, gehalten zum An-
	denken an Ihre Hochseligen Majestäten Kaiser Wilhelm I. und Friedrich III.
	Ratibor, Riedinger's Buch- u. Steindr., 1889; S. 3—8; 4⁰
		Ratibor, RPG, OP 1889 (216)

253	**Knapp,** Theodor [Prof.]: Mitteilungen aus der Bibliothek des Heil-
	bronner Gymnasiums. 2. Zwei ungedruckte Briefe Melanchthons. Heil-
	bronn, Druck v. C. Rembold's Buchdr., 1889; S. 26—31; 4⁰
		Heilbronn, k. Karls-G, P 1889 (557)

254	**Kneebusch** [Dr.]: Die Politik König Wenzels, soweit sie mit
	dem Frankfurter September - Reichstage 1379 in Verbindung steht.
	Dortmund, Buchdr. v. C. L. Krüger, 1889; S. 3—27; 4⁰
		Dortmund, st. GwS (HB), OP 1889 (355)

255	**Koch,** Konrad [Prof. Dr.]: Über Zweck und Ziel des deutschen Auf-
	satzes. Braunschweig, Druck v. J. H. Meyer, 1889; 24 S. 4⁰
		Braunschweig, herz. G Martino-Katharineum, OP 1889 (649)

256	**Koch,** Max: Der Gebrauch der Präpositionen bei Isokrates. Erster
	Teil: Die einfälligen Präpositionen mit Einschluss der Präpositions-
	adverbia. Berlin, R. Gaertners Verlagsbuchh. H. Heyfelder, 1889;
	34 S., 1 Bl. 4⁰
		Berlin, Lessing-G, OP 1889 (61)

257 **Köhler,** O. [Oberl.]: Das Kloster der Marienknechte in Bernburg. Ein Beitrag zur anhaltischen Geschichte. Bernburg, A. Meyer's Buchdr., 1889; 1 Bl., 21 S. 4⁰
Bernburg, herz. Karls-RG, OP 1889 (640)

258 **Körner,** Reinhold [Oberl. Dr.]: Das Bewegungsskelett der Wirbeltiere. Dresden, Rammingsche Buchdr. (1889); S. 3—20; 4⁰
Dresden-Friedrichstadt, R mit PG, OP 1889 (534)

259 **Körnig,** Franz [Hilfsl. Dr.]: Erklärungen einzelner Stellen zu Byron's Manfred, Act I und II. Ratibor, Riedinger's Buch- u. Steindr:, 1889; 1 Bl., 25 S. 4⁰
Ratibor, k. G, OP 1889 (194)

260 **Kokott,** Paul: Über die konforme Abbildung der Polygone auf die positive Halbebene. Breslau, Druck v. R. Nischkowsky, 1889; 1 Bl., XI S. 4⁰
Breslau, k. kath. St. Matthias-G, OP 1889 (168)

261 **Kolb,** Chr. [Prof.]: Zur Geschichte des alten Haller Gymnasiums. Schw. Hall, Buchdr. v. E. Schwend (1889); S. 1—52, 1 Bl. 4⁰
Schw. Hall, k. G, P 1889 (556)

262 **Korell,** Adolf [Oberl. Dr.]: Zur analytisch = induktiven Methode des französischen Unterrichts. Frankfurt a. O., k. Hofbuchdr. Trowitzsch u. Sohn, 1889; S. 1—39; 4⁰
Frankfurt a. O., RG, OP 1889 (101)

263 **Kramer,** P. [Prof. Dr.]: Mathematische Lesestoffe für die Prima der Realgymnasien. Halle, Druck b. Buchdr. b. Waisenhauses, 1889; S. 11—24; 4⁰
Halle a. S., RG der Franckeschen Stiftungen, OP 1889 (250)

264 **Kramm,** Emil [Dr.]: Meister Eckehart im Lichte der Denifle'schen Funde. Bonn, Univ.-Buchdr. v. C. Georgi, 1889; S. 1—24; 4⁰
Bonn, k. G, OP 1889 (400)

265 **Kraut,** K. [Ephorus]: Übersetzung der ersten und zweiten olynthischen Rede des Demosthenes mit vergleichenden Proben und einigen Bemerkungen über die Art des Übersetzens. Blaubeuren, Druck d. Fr. Mangoldschen Buchh., 1889; 18 S. 4⁰
Blaubeuren, ev.-theol. Sm, P 1889 (552)

266 **Kroes,** Ferd. [Dr.]: Untersuchung von Kegelschnittsystemen mit Hülfe der projektivischen Drehung. Zweiter Teil. Münster, Druck b. Coppenrath-schen Buchdr., 1889; S. 3—24, 1 Taf. 4⁰
Münster i. W., RG, OP 1889 (851)

267   **Krüger,** August [Oberl.]: über die schwache Bevölkerung einiger
Gegenden Norddeutschlands und deren Ursachen. Wehlau, Druck v. Max
Schlamm, 1889; 51 S. 8⁰
Wehlau, k. G, OP 1889 (18)

268   **Krumbach** [Oberl.]: Beiträge zur Methodik der deutschen Lese-
und Sprechübungen in den unteren Klassen höherer Lehranstalten.
Wurzen, Druck v. G. Jacob (1889); S. 3—36; 4⁰
Wurzen, k. G, OP 1889 (519)

269   **Krumbholz,** Paul: De Ctesia aliisque auctoribus in Plutarchi Ar-
taxerxis vita adhibitis. Eisenach, Hofbuchdr. (1889); 25 S. 4⁰
Eisenach, Carl Friedrich-G, OP 1889 (634)

270   **Krumbiegel,** Friß [Oberl.]: Zur Lage und Entwickelung der Stadt
Freiberg mit besonderer Bezugnahme auf Bergbau und Industrie. Frei-
berg, Gerlach'sche Buchdr., 1889; 36 S. 4⁰
Freiberg, st. RG, OP 1889 (528)

271   **Krumm,** Hermann: Die Verwendung des Reimes in dem Blankverse
des englischen Dramas zur Zeit Shakspere's (1561—1616). Teil I. Kiel,
Druck v. A. F. Jensen, 1889; S. 1—22; 4⁰
Kiel, OR, OP 1889 (278)

272   **Kruspe,** H.: Beiträge zur Erfurter Kunstgeschichte. Erfurt, Druck v.
A. Stenger, 1889; 20 S., 3 Taf. 4⁰
Erfurt, k. RG, OP 1889 (247)

273   **Kübler,** Otto [Dir. Prof. Dr.]: Zur homerischen Vers- und Formenlehre. Berlin, Buchdr. v. Trowitzsch & Sohn, 1889; S. 3—8; 4⁰
Berlin, k. Wilhelms-G, OP 1889 (65)

274   **Kuenen,** Eduard [Oberl.]: Die Bildung des Charakters durch die
deutsche Lektüre. *Düsseldorf, Stahl'sche Buchdr.* (1889); 24 S. 4⁰
Düsseldorf, k. G, OP 1889 (411)

275   **Kuhl,** Ferdinand [Dr.]: Vier mittelalterliche Handschriften.
Bockenheim, Druck d. Genoss.-Buchdr., 1889; S. 1—12; 4⁰
Bockenheim, st. R, OP 1889 (373)

276   **Kuhl,** Joseph [Rekt. Prof. Dr.]: Die Zeitenfolge im Lateinischen
und Deutschen. Jülich, Druck v. J. Fischer, 1889; S. 1—13; 4⁰
Jülich, st. PG, OP 1889 (418)

277   **Kummer,** Theodor: De urbis Romae pontibus antiquis. Ein Beitrag
zur Topographie der Stadt Rom. Schalke, Buchdr. v. M. Schaff, 1889;
40 S. 4⁰
Schalke, RG, OP 1889 (352)

278 **Lammert,** Edmund [Dr.]: Polybios und die römische Taktik. Leipzig, Druck v. A. Edelmann, 1889; S. 1—24; 4⁰
    Leipzig, k. G, OP 1889 (513)

279 **Lange,** Julius [Dr.]: Heinrichs des Gleissners Reinhart und der Roman de Renart in ihren Beziehungen zu einander (Zweiter Teil). Neumark, Druck v. J. Koepke, 1889; 32 S. 4⁰
    Neumark Westpr., k. PG, OP 1889 (37)

280 **Langer,** P.: Zur Theorie der geschichteten elektrischen Entladung. Gotha, Druck d. Engelhard-Reyherschen Hofbuchdr., 1889; S. 3—7; 4⁰
    Ohrdruf, gräfl. Gleichensches G, OP 1889 (663)

281 **Lederer** [Prof.]: Schulrede über die deutsche Vaterlandsliebe. Arnstadt, fürstl. Hofbuchdr. v. E. Frotscher (1889); S. 3—16; 4⁰
    Arnstadt, fürstl. G, OP 1889 (678)

282 **Die Lehrpläne** für die verschiedenen Unterrichtsfächer an dem Real= gymnasium zu Trier. Heft IV. . . . Trier, Fr. Lintz'sche Buchbr., 1889; 1 Bl., 57 S. 8⁰
    Trier, st. RG, OP 1889 (460)

283 Der durchgesehene Lehrplan nebst einigen Beilagen. Jena, Druck v. G. Neuenhahn (1889); S. 3—21; 4⁰
    Jena, G Carolo-Alexandrinum, OP 1889 (636)

284 **Lehrplan** für den französischen Unterricht. Marburg, Buchdr. Fr. Sömmering (1889); S. 3—14; 4⁰
    Marburg, RPG, OP 1889 (394)

285 **Leiber,** Adalb. [Oberl. Dr.]: Über Aquipollenzen und ihre An- wendungen auf das ebene Dreieck. Magdeburg, Druck v. E. Baensch jun., 1889; 1 Bl., 18 S., 1 Taf. 4⁰
    Magdeburg, st. König Wilhelms-G, OP 1889 (227)

286 **Lektionsplan** der Schule. II. Teil (Englisch . . . Turnen). Hechingen, Riblersche Hofbuchbr. v. R. Kleinmaier, 1889; S. 3—20; 4⁰
    Hechingen, f. HG, OP 1889 (467)

287 **Leonhardt,** G. [Dr.]: Beiträge zur Kenntnis des Gay-Lussacschen Gesetzes. Dessau, Druck v. L. Reiter, Herzogl. Hofbuchdr., 1889; S. 1- 31; 4⁰
    Dessau, herz. Friedrichs-RG, OP 1889 (643)

288 **Lessing,** Karl: Studien zu den Scriptores historiae Augustae. Berlin, R. Gaertners Verlagsbuchh. H. Heyfelder, 1889; 39 S. 4⁰
    Berlin, Friedrichs-G, OP 1889 (53)

289   **Ley,** Robert: Über die Schwingungen eines Massenpunktes auf
einer unbegrenzten Geraden infolge der Anziehung durch eine gleich-
förmig mit Masse belegte Strecke. *Linz, Druck v. A. Ölpenich jr.*
(1889); S. 3—16; 4⁰

Linz a. Rh., k. PG, OP 1889 (421)

290   **Lichtenauer,** Hugo [Oberl.]: Jean Vauquelin Sieur de la Fresnaie,
der Schöpfer der klassischen Satire in Frankreich. Dresden, Lehmannsche Buchdr., 1889; S. III—XXII; 4⁰

Dresden, G zum heiligen Kreuz, OP 1889 (507)

291   **Liebmann,** Bruno [Oberl.]: Christian Trautmann und die erste
meteorologische Station der Oberlausitz. Löbau i. S., Druck v.
Th. Kessner, 1889; 32 S., 1 Bl. 4⁰

Löbau i. S., R, OP 1889 (542)

292   **Lierſemann, Karl Heinrich** [Dir. Dr.]: Drei Kaiſerreden. Leipzig,
Druck v. G. Fock, 1889; 26 S. 4⁰

Rawitſch, k. RG, OP 1889 (162)

293   **Liesenberg,** Fr. [Dr]: Die Sprache des Ammianus Marcellinus.
Kap. I. Der Wortschatz. Fortsetzung. Blankenburg a. H., Kirchers
Wwe, 1889; S. 1—21; 4⁰

Blankenburg a. H., herz. G, OP 1889 (648)

294   **Liessem,** Hermann Joseph [Oberl. Dr.]: Bibliographisches Verzeichnis der Schriften Hermanns van dem Busche. III. Köln, gedr.
bei J. P. Bachem, Verlagsbuchh. u. Buchdr., 1889; S. 23—38; 4⁰

Köln, Kaiser Wilhelm-G, OP 1889 (407)

295   **Liman, Oskar** [Dr.]: Unſer Nationalbewußtſein. Rede . . . Rogasen,
Druck v. Jonas Alexander's Wwe, 1889; S. 3—11; 4⁰

Rogaſen, k. G, OP 1889 (153)

296   **Lindauer,** Joseph [Dr.]: De Polybii vocabulis militaribus. München,
akad. Buchdr. v. F. Straub, 1889; 54 S. 8⁰

München, k. Ludwigs-G, P 1889 ∗

297   **Linke,** Hugo [Dr.]: Studien zur Itala. Breslau, Druck v. Graß,   ·
Barth u. Comp. (W. Friedrich), 1889; 28 S. 4⁰

Breslau, st. G zu St. Elisabet, OP 1889 (164)

298   **Linsenbarth,** Oskar [Oberl. Dr.]: Die Örtlichkeit in Goethes Hermann und Dorothea. Kreuznach, Druck v. Fr. Wohlleben, 1889;
S. 17—30; 8⁰

Kreuznach, k. G, OP 1889 (420)

299   Lösche, Karl Hermann: Ausgewählte Lieder und Sprüche von Walther von der Vogelweide ins Neuhochdeutsche übertragen. Stollberg, Druck v. E. F. Keller's Witwe (1889); 81 S. 8⁰
    Stollberg, st. R mit PG, OP 1889 (550)

300   Loewe: Über Praepositionen A, De, Ex bei Ovid.   Strehlen, Tr. Erler's Buchdr. (1889); 16 S. 4⁰
    Strehlen, k. G, OP 1889 (197)

301   Lohberg, Paul [Dr.]: Über den inducierten Magnetismus eines unbegrenzten geraden Kreiscylinders und eines Rotationsparaboloids. Göttingen, Druck d. Univ.-Buchdr. v. W. Fr. Kästner, 1889; 60 S., 1 Bl. 4⁰
    Höchst a. M., st. RPG, OP 1889 (392)

302   Lohmann [Dr.]: Analyse des Lukrezischen Gedichtes De rerum natura und Darlegung seines philosophischen Gehalts. Teil I. Helmstedt, Druck v. J. C. Schmidt, 1889; S. 1—36; 4⁰
    Helmstedt, herz. G, OP 1889 (654)

303   Lohmann, Bernhard: über das Nibelungenlied. Rheine, Druck v. J. Altmeppen, 1889; S. 3—17; 4⁰
    Rheine, G Dionysianum, OP 1889 (343)

304   Lowinski, A. [Dir. Prof.]: Zur Kritik der Horazischen Satiren. Deutsch-Krone, Druck v. F. Garms, 1889; S. 3—18; 4⁰
    Deutsch-Krone, k. kath. G, OP 1889 (26)

305   Lübeck, Gustav [Dr.]: Die Umformung einer elastischen Kugel durch Zusammendrücken zwischen zwei horizontalen und starren, glatten oder rauhen Ebenen. Berlin, R. Gaertners Verlagsbuchh. H. Heyfelder, 1889; 27 S. 4⁰
    Berlin, Friedrichs-Werdersches G, OP 1889 (54)

306   Lünzner [Dir. Prof. Dr.]: Ansprache zum Gedächtnis weil. Sr. Majestät des hochseligen Kaisers und Königs Friedrich III. . . . . Gütersloh, gebr. bei C. Bertelsmann, 1889; S. 3—9; 4⁰
    Gütersloh, ev. G, OP 1889 (337)

307   Macke, Reinhold: Die römischen Eigennamen bei Tacitus. III. . . . . Hadersleben, gedr. i. W. L. Schütze's Buchdr., 1889; 22 S. 4⁰
    Hadersleben, k. G u. RPG, OP 1889 (267)

308   Manke, Paul: Die Familiennamen der Stadt Anklam. Zweiter Teil. Anklam, gedr. bei R. Poettcke (1889); 1 Bl., 20 S. 4⁰
    Anklam, G, OP 1889 (120)

309   **Manns,** Otto [Oberl.]: Über die Jagd bei den Griechen. Dritter Teil. (Umschl.-Tit.: Abteilung II.) Cassel, Druck v. Baier & Lewalter, 1889; S. 3—30, 2 Taf. 4⁰
    Cassel, k. Wilhelms-G, OP 1889 (359)

310   **Martin,** Paul [Oberl.]: Studien auf dem Gebiete des griechischen Sprichwortes. Plauen i. V., gedr. bei F. E. Nonpert, 1889; 1 Bl., 34 S. 4⁰
    Plauen i. V., G u. RG, OP 1889 (517)

311   **Martin,** Stephanus: Quatenus Hesiodeae rationis vestigia in carminibus Homericis reperiantur. I. De Odyssea et Theogonia. Speier, Jäger'sche Buchdr. (1889); 1 Bl., 71 S. 8⁰
    Speier, k. StA, P 1889 *

312   *Matschky, Theodor [Oberl.]:* Nachtrag zum Katalog der Schüler-Bibliothek des K. Friedrich-Wilhelms-Gymnasiums zu Posen. Posen, Merzbach'sche Buchdr., 1889; 42 S. 8⁰
    Posen, Friedrich-Wilhelms-G, OP 1889 (151)

313   **Matthaei,** Georg [Oberl. Dr.]: Die lombardische Politik Kaiser Friedrichs I. und die Gründung von Alessandria. Gross-Lichterfelde, Hofbuchdr. Gebr. Radetzki, Berlin, 1889; S. 3—37; 4⁰
    Gross-Lichterfelde, PG, OP 1889 (76)

314   **Matthias,** Ad. [Dir. Dr.]: Die fünfzigjährige Jubelfeier des Real-gymnasiums am 27., 28. und 29. Mai 1888. Düsseldorf, gedr. bei L. Voß & Cie., k. Hofbuchdr., 1889; S. 3—16; 4⁰
    Düsseldorf, st. RG u. G, OP 1889 (450)

315   **Maurer,** Georg [Prof.]: Kosmologie 1. Teil. Neuburg a. D., Griessmayersche Buchdr. (1889); 79 S. 8⁰
    Neuburg a. D., k. StA, P 1889 *

316   **May,** Joseph [Dr.]: Zur Kritik mittelalterlicher Geschichts-quellen. Offenburg, Druck v. A. Reiff & Cie, 1889; 55 S. 4⁰
    Offenburg, grossh. G, P 1889 (580)

317   **Mehliss** [Oberl.]: Ueber die ΥΘΕΣ, ihre Bedeutung und ihre Ableitungen. Eine sprachwissenschaftliche Studie zu Homer. Eisleben, Druck v. E. Schneider, 1889; S. 1—27; 4⁰
    Eisleben, k. G, OP 1889 (218)

318   **Mehner,** Karl Friedrich [Oberl.]: Dispositionen zu deutschen Arbeiten und logischen Übungen in Quinta, Quarta und Tertia. Zwickau, Druck v. R. Zückler, 1889; 1 Bl., 32 S. 4⁰
    Zwickau, RG, OP 1889 (531)

319 **Meier,** Paul Jonas [Dr.]: Ausgewählte Elegieen des Albius Ti-
bullus. Mit erklärenden Anmerkungen für den Gebrauch in der
Schule herausgegeben. Braunschweig, C. A. Schwetschke u. Sohn
(Appelhans & Pfenningstorff), 1889; IV, 54 S. 8⁰
 Braunschweig, herz. neues G, OP 1889 (650)

320 **Menge,** Rudolf: Über das Relativum in der Sprache Cäsars.
Grammatisch-kritische Abhandlung. Halle a. S., Druck d. Buchdr.
d. Waisenhauses, 1889; 31 S. 4⁰
 Halle a. S., lat. Haupt-S, OP 1889 (222)

321 **Mennicken,** Josef: Der Triumvir M. Licinius Crassus. Düren,
Hamel'sche Buchdr., 1889; S. 7—40; 4⁰
 Bedburg, Rheinische RAk, OP 1889 (399)

322 **Mertens,** Victor: Ueber eine Verallgemeinerung der Schroeter'schen
Multiplicationsformeln für Thetareihen. Köln, Druck v. J. P. Bachem,
Verlagsbuchh. u. Buchdr., 1889; S. 1—16; 4⁰
 Köln, k. kath. G an Aposteln, OP 1889 (404)

323 **Meyer,** E. [Dr.]: Zur körperlichen Erziehung der Jugend. Doberan,
Druck v. H. Rehse & Co., 1889; 48 S. 4⁰
 Doberan, grossh. G Friderico-Francisceum, OP 1889 (611)

324 **Meyer,** Georg [Dr.]: Der gegenwärtige Stand der Thukydideischen
Frage. Nordhausen, Druck v. C. Kirchner's Buchdr. (Inh.: F. C.
Schmülling), 1889; S. 1—42; 4⁰
 Ilfeld, k. Kloster-S, OP 1889 (297)

325 **Meyer,** Petrus [Dr.]: Quaestiones Platonicae. I. Leipzig, Druck
v. B. G. Teubner, 1889; 25 S. 4⁰
 M. Gladbach, G, OP 1889 (417)

326 **Miller,** Konrad [Prof. Dr.]: Reste aus römischer Zeit in Ober-
schwaben. . . . Stuttgart, k. Hofbuchdr. Zu Guttenberg. C. Grü-
ninger, 1889; S. 1—50; 4⁰
 Stuttgart, k. RG, P 1889 (566)

327 **Milz,** Heinrich [Dir. Prof. Dr.]: Geschichte des Gymnasiums an
Marzellen zu Köln. Dritter und letzter Teil. Von 1794—1865. . . .
Köln, Druck v. J. P. Bachem, Verlagsbuchh. u. Buchdr. (1889);
S. 3—34; 4⁰
 Köln, k. kath. G an Marzellen, OP 1889 (405)

328 **Möfer,** Albert [Dr.]: Marius und die Cimbern. Dramatifches Ge-
dicht von Pietro Coffa. Aus dem Italienifchen überfetzt. Dresden,
Rammingfche Buchdr., 1889; S. I—XXVIII; 4⁰
 Dresden, Wettiner G, OP 1889 (509)

329   *Moldenhauer, Franz:* Katalog der Lehrer-Bibliothek des Königlichen Friedrich-Wilhelm-Gymnasiums zu Köln. Bonn, Univ.-Buchdr.
v. C. Georgi, 1889; 2 Bl., 199 S. 8⁰
    Köln, k. Friedrich-Wilhelms-G, OP 1889 (406)

330   **Mollmann, Ernst** [Oberl. Dr.]: Herodots Darstellung der Geschichte
von Cyrene. Königsberg, Hartungsche Buchdr., 1889; S. 3–24; 4⁰
    Königsberg, Kneiphöfisches Stadt-G, OP 1889 (10)

331   **de Monsterberg-Münckenau,** Sylvius [Dr.]: De concentu trium
Aristotelis de voluptate commentationum priorisque Nicomacheorum
fide. Breslau, Druck v. O. Gutsmann (1889); 1 Bl., 45 S. 8⁰
    Breslau, k. König-Wilhelms-G, OP 1889 (169)

332   **Moormeister, E.** [Dir. Dr.]: Über volkswirtschaftliche Belehrungen
im Unterrichte der höheren Schulen. Strassburg i. E., Buchdr.
M. Du Mont-Schauberg, 1889; 44 S. 4⁰
    Schlettstadt, G, P 1889 (489)

333   **Müller, A.**: Untersuchungen über die merkwürdigen Punkte und
Linien des Dreiecks. Kempten, Buchdr. d. J. Kösel'schen Buchh.,
1889; 56 S., 1 Taf. 8⁰
    Kempten, k. StA, P 1889 *

334   **Müller, Konrad** [Dr.]: Über Anschauungsmittel für den naturkund-
lichen Unterricht. . . . Pless, Druck v. A. Krummer, 1889; 1 Bl.,
S. 1—12; 4⁰
    Pless, ev. Fürsten-S, OP 1889 (193)

335   **Müller, Ernst** [Dir. Dr.]: Ciceros Rede de provinciis consularibus.
Verdeutscht. Kattowitz, Druck v. L. Neumann, 1889; S. 3—18; 4⁰
    Kattowitz, st. G, OP 1889 (180)

336   **Müller, Gerb. Heinr.** [Oberl. Prof.]: Beiträge zur Erklärung und
Kritik des Horaz. Strassburg, Strassburger Druckerei u. Verlagsanst.,
vorm. R. Schultz & Cie, 1889; 22 S. 4⁰
    Strassburg, L, P 1889 (490)

337   **Müller, H.**: Ueber den ersten planimetrischen Unterricht. Berlin,
Druck v. Gebr. Unger, 1889; 1 Bl., 30 S. 4⁰
    Charlottenburg, k. Kaiserin-Augusta-G, OP 1889 (68)

338   **Müller, Hans** [Dr.]: Bemerkungen zum Unterricht in der lateinischen Formenlehre. Stettin, Druck v. F. Hessenland, 1889; 16 S. 4⁰
    Stettin, st. RG, OP 1889 (140)

339   **Müller, Hermann:** Grundlegung und Entwickelung des Charakters
Richards III. bei Shakespeare. Dortmund, Druck v. F. Crüwell, 1889;
S. 3—68; 4⁰
    Dortmund, RG, OP 1889 (348)

340 **Müller**, Richard [Dr.]: Über die Kurven, deren Bogen einer Potenz der Abscisse proportional ist. Berlin, Druck v. A. W. Hayn's Erben. (C. Hayn, Hof-Buchdr.) (1889); S. 3—16; 4⁰
Berlin, k. R (RG), OP 1889 (90)

341 **Münſcher, F. M.** [Proreft. Dr.]: Gedächtnißrede auf Se. hochſelige Majeſtät Kaiſer Friedrich III. Jauer, Druck b. Opitz'ſchen Buchdr. (H. Vaillant), 1889; S. 9—16; 4⁰
Jauer, ſt. ev. G, OP 1889 (179)

342 **Muff**, Chr. [Dir. Prof. Dr.]: Beschreibung des Neubaus und Bericht über die Einweihungsfeier. Stettin, Druck v. Herrcke & Lebeling, 1889; S. 1—14, 2 Taf. 4⁰
Stettin, König-Wilhelms-G, OP 1889 (135)

343 **Muthreich**, K. [Oberl.]: Die wichtigſten Sätze der Mechanif, für den Unterricht in der Prima . . . Landeshut i. Schl., Druck v. Th. Schimoneck (1889); 49 S., 1 Taf. 8⁰
Landeshut, RG, OP 1889 (207)

344 **Nagel**, Heinrich [Dr.]: Sir Thomas Wyatt und Henry Howard, Earl of Surrey, eine litteratur- und ſprachgeſchichtliche Studie. I. Teil. Mengeringhauſen, Druck b. Weigel'ſchen Hofbuchdr., 1889; S. 3—37; 4⁰
Arolſen, RPG, OP 1889 (387)

345 **Nather**, Ernst [Oberi. Dr.]: Etude sur l'étendue de l'influence classique dans la poésie de Mathurin Regnier. Breslau, Druck v. Graß, Barth u. Comp. (W. Friedrich), 1889; S. 3 -29; 4⁰
Breslau, st. ev. G zu St. Maria-Magdalena, OP 1889 (167)

346 **Naumann, Julius** [Dir. Dr.]: Rede zum Gedächtnis Sr. hochſeligen Majeſtät des Kaiſers und Königs Friedrich III. Oſterode a. H., gedr. bei Giebel & Oehlſchlägel, 1889; S. 1—7; 4⁰
Oſterode a. H., RG, OP 1889 (315)

347 **Nerrlich**, Paul [Oberl. Dr.]: Zu Jean Paul. Berlin, R. Gaertners Verlagsbuchh. H. Heyfelder, 1889; 24 S. 4⁰
Berlin, Askanisches G, OP 1889 (50)

348 **Neuber**, Heinrich [Oberl.]: Zur Schillerlektüre. Ein Beitrag zur Behandlung des Dichters auf der höheren Schule. Wetzlar, Druck v. F. Schnitzler, 1889; S. 1—35; 4⁰
Wetzlar, k. G, OP 1889 (437)

349 **Niemann**, Rudolf [Oberl.]: Röm. II, 11—III, 8, erläutert. Waren, Druck v. C. Quandt (1889); S. 1—17; 4⁰
Waren, st. G, OP 1889 (616)

350   **Noack, Th.** [Oberl. Prof. Dr.]: Der vierjährige Bürgerkrieg in
Nordamerika von 1861—1865. Eine Skizze. Braunschweig, Druck
v. J. H. Meyer, 1889; 1 Bl., 44 S., 1 Bl. 4⁰
Braunschweig, herz. RG, OP 1889 (651)

351   **Nöthe, H.** [Dr.]: Der delische Bund, seine Einrichtung und Ver-
fassung. Magdeburg, k. Hofbuchdr. v. C. Friese, 1889; 3 Bl., 43 S. 4⁰
Magdeburg, k. Dom-G, OP 1889 (225)

352   **Norroschewitz** [Oberl.]: Der Winsbete und die Winsbetin, zwei
mittelhochdeutsche Lehrgedichte. Döbeln, Druck v. J. W. Thallwitz, 1889;
1 Bl., S. I—XVI; 4⁰
Döbeln, k. RG, OP 1889 (525)

353   **Roß, G.** [Prof. Dr.]: Aufgaben zur Anwendung der Lehre von der
Proportionalität der Linien und der Aehnlichkeit der Dreiecke. (Umschl.=
Tit.: Zur Analysis planimetrischer Constructionen, welche die Anwendung
der Proportionalität erfordern). Sauer, Druck b. Opitz'schen Buchdr.
(H. Vaillant), 1889; 1 Bl., 16 S. 4⁰
Sauer, st. ev. G, OP 1889 (179)

354   **Oertel, G.** [Oberl.]: Ist die Sprachwissenschaft ein Zweig der
Naturwissenschaft? *Altenburg* (1889); 15 S. 4⁰
Altenburg, herz. RPG, OP 1889 (646)

355   **Ohly, Ferdinand** [Dr.]: Königtum und Fürsten zur Zeit Heinrichs IV.
nach der Darstellung gleichzeitiger Geschichtsschreiber I. Lemgo,
Druck v. F. L. Wagener, 1889; 66 S. 8⁰
Lemgo, G, OP 1889 (670)

356   **Ohnesorge, Adolf** [Dr.]: Hyperelliptische Integrale und Anwen-
dungen auf Probleme der Mechanik. Berlin, R. Gaertners Verlagsbuchh. H. Heyfelder, 1889; 24 S. 4⁰
Berlin, II. st. HB, OP 1889 (105)

357   **Ohnesorge, Wilhelm** [Dr.]: Die römische Provinz-Liste von 297,
Teil I. . . . Duisburg, Druck v. M. Mendelssohn, 1889; 1 Bl., 50 S. 4⁰
Duisburg, st. RG, OP 1889 (449)

358   **Opitz, Gustavus:** Scholiorum Aeschineorum qui fontes fuerint
quaeve origo conlatis glossographis Graecis exploratur. Pars altera.
Dortmund, Druck v. W. Crüwell, 1889; S. 1—24; 4⁰
Dortmund, G, OP 1889 (336)

359   **Ostendorf, Adolf** [Rekt.]: Die häuslichen Arbeiten, ihre Begrenzung
und ihre Art. Neumünster, R. Hieronymus Buchdr., 1889; S. 3—8; 4⁰
Neumünster, PG u. RPG, OP 1889 (271)

360   **Otto:** Eine Bestimmung der Deklination zu Eisleben. Eisleben, Druck v. E. Schneider, 1889; S. 23—27; 4⁰
Eisleben, k. G, OP 1889 (218)

361   **Pannenborg,** Albertus [Oberl. Dr.]: Rede gehalten bei der Gedächtnisfeier für Kaiser Wilhelm I. am 22. März 1888. Göttingen. Druck v. L. Hofer, 1889; S. 1—6; 4⁰
Göttingen, k. G u. RG, OP 1889 (290)

362   **Pappenheim,** Eugen [Prof. Dr.]: Der angebliche Heraklitismus des Skeptikers Ainesidemos. I. Teil. Berlin, R. Gaertners Verlagsbuchh. H. Heyfelder, 1889; 30 S. 4⁰
Berlin, Köllnisches G, OP 1889 (58)

363   **Pauly,** Joseph: Der erste Jahreskursus des planimetrischen Unterrichts. Andernach, K. Isbert'sche Buchdr., 1889; S. 3—17; 4⁰
Andernach, PG, OP 1889 (397)

364   **Pein,** August [Oberl. Dr.]: Aufstellung von n Königinnen auf einem Schachbrett von n^2 Feldern derart dass keine von einer andern geschlagen werden kann. (Von $n = 4$ bis $n = 10$). Leipzig, Druck v. B. G. Teubner, 1889; 2 Bl., 62 S., 7 Taf. 4⁰
Bochum, st. R, OP 1889 (347)

365   **Peters,** Heinrich [Dr.]: Beiträge zur Heilung der Überlieferung in Quintilians Institutio Oratoria. Cassel, Druck v. K. Gosewisch, 1889; S. 16—25; 4⁰
Cassel, st. RG, OP 1889 (374)

366   **Peters,** Richard [Dr.]: Begleitwort zum Lehrplan des Französischen. Gandersheim, Druck v. C. F. Hertel, 1889; S. 3—20; 4⁰
Gandersheim, RPG, OP 1889 (653)

367   **Petry,** Arthur [Dr.]: Die Vegetationsverhältnisse des Kyffhäuser Gebirges. Teil I. Nordhausen, Druck v. C. Kirchners Buchdr. (Inh.: F. C. Schmülling) (1889); S. 1—20; 4⁰
Nordhausen, G, OP 1889 (232)

368   **Pfeifer,** Martin: J. Albert Poysels Gedichte wider Ludwig XIV. und die Franzosen. Altenburg, Druck v. O. Bonde (1889); 1 Bl. S. 1—16; 4⁰
Altenburg, Friedrichs-G, OP 1889 (645)

369   **Pflug** [Oberl.]: Diodor und Livius als Quellen für den zweiten Samniterkrieg. Waldenburg i. Schl., P. Schmidt's Druckerei (H. Roedenbeck), 1889; S. 1—16; 4⁰
Waldenburg i. Schl., st. ev. G, OP 1889 (200)

370   **Pfuhl**, Fritz [Oberl. Dr.]: Der naturbeschreibende Unterricht am Gymnasium. Posen, Hofbuchdr. W. Decker & Co. (A. Röstel), 1889; 57 S. 4⁰

> Posen, k. Marien-G, OP 1889 (152)

371   **Pichlmayr**, Franz: T. Flavius Domitianus. Ein Beitrag zur römischen Kaisergeschichte. Amberg, Druck v. H. Böes (vorm. J. Habbel), 1889; 100 S. 8⁰

> Amberg, k. StA, P 1889 •

372   **Pieper**, Anton: Unterſuchung der in rechtwinkligen Koordinaten gegebenen Kurve: $x^3 + axy^2 + by = c$. Paderborn, Schöninghſche Buchdr. (1889); S. 3—14, 1 Tab., 3 Taf. 4⁰

> Rietberg, PG Nepomucenum, OP 1889 (343 a).

373   **Pieper**, Richard [Dr.]: Über das Vorkommen von Spaltöffnungen auf Blumenblättern. Gumbinnen, 1889; S. 1—22; 4⁰

> Gumbinnen, k. Friedrichs-G, OP 1889 (4)

374   **Pilgrim**, Ludwig [Prof. Dr.]: Über Säulenfestigkeit. Tübingen, Druck d. L. Fr. Fues'schen Buchdr. (W. Armbruster & O. Riecker), 1889; 36 S. 4⁰

> Ravensburg, k. G, P 1889 (558)

375   **Pilz**, Oskar [Dr.]: Beiträge zur Kenntnis der altfranzösischen Fabliaux. 1. Die Bedeutung des Wortes Fablel. Stettin, Druck v. R. Grassmann, 1889; 1 Bl., 24 S. 4⁰

> Stettin, Friedrich-Wilhelms-S (RG), OP 1889 (139)

376   **Plattner**, Ph. [Dirig.]: Unsere Fremdwörter vom Standpunkte des französischen Unterrichts betrachtet. Strassburg i. E., Buchdr. M. Du Mont-Schauberg, 1889; 34 S. 4⁰

> Wasselnheim i. E., R, P 1889 (504)

377   **Poeschel** [Oberl. Prof.]: A. Über Mag. Chr. Lehmanns Kriegschronik und eine teilweise Herausgabe der Handschrift. B. Mitteilungen über neuaufgefundene Lehmannsche Manuskripte. Grimma, Druck v. F. Bode (1889); IV, S. 1—48; 4⁰

> . Grimma, Fürsten- u. Landes-S, OP 1889 (512)

378   **Pohle**, Robert [Oberl. Dr.]: Welche Aufgaben hat der erdkundliche Unterricht an den höheren Lehranstalten zu erfüllen? Berlin, R. Gaertners Verlagsbuchh. H. Heyfelder, 1889; 49 S. 4⁰

> Berlin, Leibniz-G, OP 1889 (60)

379   **Polis**, Alfred [Dr.]: Ueber aromatische Bleiverbindungen. . . . *Aachen* (1889); S. I—XVI; 4⁰

> Aachen, R, OP 1889 (440)

380 **Praetorius,** Ignaz [Prof. Dr.]: Zur Flora von Konitz. Phanero-
gamen und Gefässcryptogamen. Conitz, Buchdr. v. Fr. W. Gebauer,
1889; S. 3—62; 4⁰
Conitz, k. G, OP 1889 (33)

381 **Preis, Willibald**: Adiectivum utro ordine apud optimos Romano-
rum scriptores coniunctum sit cum substantivo quaeritur. Bayreuth,
gebr. bei Th. Burger, 1889; 48 S. 8⁰
Bayreuth, k. StA, P 1889 •

382 **Preiss,** H. [Dr.]: Vorgeschichte des neutestamentlichen Kanons.
Königsberg in Pr., Buchdr. v. R. Leupold, 1889; S. 3—32; 4⁰
Königsberg in Pr., Löbenichtsche HB, OP 1889 (24)

383 **Pressel** [Rekt. Dr.]: Mitteilungen aus der Bibliothek des Heilbronner
Gymnasiums. 1. Die Heilbronner St. Michaelskirche. Heilbronn, Druck
v. C. Rembold's Buchdr., 1889; S. 22—25; 4⁰ ·
Heilbronn, k. Karls-G, P 1889 (557)

384 **Preuss,** Theodor [Prof.]: Die Franken und ihr Verhältnis zu Rom
im letzten Jahrhundert des Reiches. Tilsit, gedr. bei J. Reylaender &
Sohn, 1889; 1 Bl., 15 S. 4⁰
Tilsit, k. G. OP 1889 (17)

385 (**Prockfch, A.)** [Dir. Dr.]: Geschichte des Lyceums zu Eisenberg.
Altenburg, Druck b. Pierer'schen Hofbuchdr. Stephan Geibel & Co. (1888);
S. 47—125; 8⁰
Eisenberg, Christians-G, P 1889 (647)

386 (**Prockfch, A.)** [Dir. Dr.]: Herzog Christian von Sachsen-Eisenberg. Ein
Lebensbild. Altenburg, Druck b. Pierer'schen Hofbuchdr. Stephan
Geibel & Co. (1888); S. 1—46; 8⁰
Eisenberg, herz. Christians-G, P 1889 (647)

387 **Puls, Alfred** [Dr.]: Ueber das Wesen der subjektlosen Sätze. Teil I:
Weg und Methode der Untersuchung. II. Flensburg, gebr. i. b. Buchdr.
v. L. P. H. Maaß, 1889; S. 27—48; 4⁰
Flensburg, k. G u. RG, OP 1889 (265)

388 **Puschmann,** Otto: Die Lieder Neidharts von Reuenthal. Eine
kritische Untersuchung des Textes. Strasburg W.-Pr., Buchdr. v.
A. Fuhrich (1889); 39 S., 1 Taf. 4⁰ ·
Strasburg, W.-Pr., k. G, OP 1889 (41)

389 **Quiehl,** Karl [Oberl. Dr.]: Die Einführung in die französische
Aussprache. Lautliche Schulung, Lautschrift und Sprechübungen im
Klassenunterricht. Cassel, Druck v. L. Döll, 1889; S. 1—49; 4⁰
Cassel, st. R, OP 1889 (375)

390   **Rackwitz,** Richard [Dr.]: Geschichte und Urkunden des Nonnen-
klosters Bischoferode St. Nicolai bis zur Übersiedelung desselben
nach Nordhausen. Nordhausen, Druck v. C. Kirchners Buchdr.
(Inh.: F. C. Schmülling), 1889; S. 1—16, 1 Taf. 4⁰
Nordhausen, RG, OP 1889 (254)

391   **Rassow,** Johannes [Dr.]: Analecta Euripidea. Greifswald, Druck d.
Buch- u. Steindr. v. F. W. Kunike (1889); S. 3—29; 4⁰
Greifswald, st. G u. RPG, OP 1889 (127)

392   **Rauch:** Gerundium und Gerundivum bei Curtius. Meiningen, Druck
b. Keyßner'ſchen Hofbuchdr., 1889; S. 3 - 21; 4⁰
Meiningen, G Bernharbinum, OP 1889 (665)

393   **Reblin,** C. [Dr.]: Zur Basler und Strassburger Recension von
Lamprechts Alexander. *Neubrandenburg* (1889); 42 S. 4⁰
Neubrandenburg, G, OP 1889 (623)

394   **Reddersen,** H. O.: Beiträge zur Geſchichte des Schulturnens in
Bremen. Erinnerungsblätter in Anlaß des 25 jährigen Turnbetriebes in
der Realſchule in der Altſtadt. Bremen, A. Guthe, Buchdr., 1889;
S. 3—27; 4⁰
Bremen, R in der Altſtadt, OP 1889 (685)

395   **Reeck,** Adolf [Dr.]: Beiträge zur Syntax des Catull. Bromberg,
Buchdr. v. H. Lewinſohn, 1889; S. 1—18; 4⁰
Bromberg, ſt. RG, OP 1889 (159)

396   Aus einem **Referate** zum Unterrichte in der lateinischen Stilistik.
Schwetz, gedr. bei G. Büchner, 1889; S. 3—6; 4⁰
Schwetz a. W., k. PG, OP 1889 (39)

397   **Rehmann** [Oberl. Dr.]: Gedächtnisrede auf Kaiſer Wilhelm I. . . .
Friedeberg Nm., Druck v. E. Eiſermann (1889); S. 3—6; 4⁰
Friedeberg Nm., k. G, OP 1889 (74)

398   **Reibſtein,** Ab. [Oberl.]: Zur Geſchichte des Staber Gymnaſiums. . . .
Stabe, Druck v. A. Pockwitz, 1888; 40 S., 4 Bl. 4⁰
Stade, k. G, OP 1889 (304)

399   **Reimann** [Dir. Prof. Dr.]: Trauerrede auf den Tod Kaiſer Wilhelms I. . . . Breslau, Druck v. Graß, Barth u. Comp. (W. Friedrich.),
1889; S. 3—5; 4⁰
Breslau, RG zum heiligen Geiſt, OP 1889 (203)

400   **Reisert,** Karl [Dr.]: Die Attraktion der Relativsätze in der
griechischen Prosa. — Ein Beitrag zur historischen Syntax der
griechischen Sprache. 1. Teil. Allgemeines. Herodot. Neustadt
a. d. Haardt, Aktien-Druckerei, 1889; 49 S. 8⁰
    Neustadt a. d. Haardt, k. StA, P 1889 *

401   **Renn,** Emil [Dr.]: Die griechischen Eigennamen bei Martial.
Grammatisch-kritische Untersuchung. Landshut, J. Thomann'sche
Buchdr. (1889); 70 S., 1 Bl. 8⁰
    Landshut, k. StA, P 1889 *

402   **Reuss,** K. [Prof. Dr.]: Die Stellung des Max Piccolomini in der
Wallensteindichtung. *Pforzheim* (1889); 15 S. 4⁰
    Pforzheim, G, P 1889 (581)

403   **Richter,** Otto [Dr.]: Die binnenländischen Wasserstrassen des deutschen Reiches. Eine volkswirtschaftliche Skizze. Eisleben, Druck v.
E. Schneider (1889); S. 3—16; 4⁰
    Eisleben, st. RPG, OP 1889 (257)

404   **Richter,** Richard [Dr.]: Kritische Bemerkungen zu Caesars Com-
mentarius VII. de bello Gallico. Stargard i. Pomm., Buchdr. d.
„Pommerschen Volks-Zeitung", Ed. Giese, 1889; 39 S. 4⁰
    Stargard i. Pomm., k. u. Gröningsches G, OP 1889 (132)

405   **Riehm,** G. [Dr.]: Der Turnunterricht in den unteren Klassen höherer
Lehranstalten. Halle a/S., Druck d. Heynemann'schen Buchdr.
(F. Beyer), 1889; 1 Bl., 17 S. 4⁰
    Halle a/S., Stadt-G, OP 1889 (223)

406   **Riese,** Alexander [Prof. Dr.]: Forschungen zur Geschichte der
Rheinlande in der Römerzeit. Frankfurt a. M., Druck v. A. Mahlau
(Fa. Mahlau & Waldschmidt), 1889; S. 3—26; 4⁰
    Frankfurt a. M., st. G, OP 1889 (363)

407   **Röckl,** S.: Quellenbeiträge zur Geschichte der kriegerischen
Thätigkeit Pappenheims von der Schlacht bei Breitenfeld bis zur
Schlacht bei Lützen. München, akad. Buchdr. v. F. Straub, 1889;
82 S. 8⁰
    München, k. Maximilians-G, P 1889 *

408   **Rosbach,** Otto: Die Reichspolitik der Trierischen Erzbischöfe
vom Ausgange der Regierung Friedrichs I. bis zum Ende des Inter-
regnums. . . . Zweiter Teil. Erzbischof Johann I. (1189 — 1212).
Trier, Fr. Lintz'sche Buchdr., 1889; S. 1—20; 4⁰
    Trier, k. G, OP 1889 (434)

409   **Rossberg,** Konrad: Materialien zu einem Commentar über die
Orestis tragoedia des Dracontius. (Schluss.) . . . Hildesheim, Druck
v. Gebr. Gerstenberg, 1889; 1 Bl., S. 65—112; 8⁰
Hildesheim, k. G Andreanum, OP 1889 (295)

410   **Rottenbach,** H. [Prof.]: Zur Flora Thüringens, insbesondere des
Meininger Landes. Achter Beitrag: Gramineen, Coniferen und
Gefässkryptogamen. Meiningen, Druck d. Keyssnerschen Hofbuchdr.,
1889; S. 3—18; 4⁰
Meiningen, herz. RG, OP 1889 (666)

411   **Rubert,** H. [Dr.]: Zwei Kapitel aus der griechischen Schulsyntax.
Gera, Druck v. Th. Hofmann, 1889; 24 S. 4⁰
Gera, fürstl. G Rutheneum, OP 1889 (673)

412   **Ruess,** Ferd. [Dr.]: Die tironischen Endungen. München, Buchdr.
v. J. B. Lindl (vorm. M. Wild), 1889; 2 Bl., 42 S. 8⁰
München, k. Luitpold-G, P 1889 *

413   **Ruge,** Max: Bemerkungen zu dem Vaticinium Lehninense. Berlin,
R. Gaertners Verlagsbuchh. H. Heyfelder, 1889; 26 S. 4⁰
Berlin, G z. grauen Kloster, OP 1889 (51)

414   **Ruhe,** A. [Oberl. Dr.]: Schillers Einfluss auf die Entwickelung des
deutschen Nationalgefühls. II. Teil. Meppen, Druck v. H. Wegener,
1889; S. 3—30; 4⁰
Meppen, k. G, OP 1889 (300)

415   **Saarmann,** Theodorus: Adnotationes in Oenomai fragmenta (Euseb.
praep. evang. V 19—36 et VI 7). Dortmund, Druck v. W. Crüwell,
1889; S. 25—36; 4⁰
Dortmund, G, OP 1889 (336)

416   **Salow,** W.: Lothar III. und das Wendenland. Friedland i. Meckl.
Druck v. W. Walther, 1889; S. 1—17; 4⁰
Friedland, G, OP 1889 (622)

417   **Schaer** [Dr.]: Lüneburger Chroniken der Reformationszeit, ihre
Quellen und ihre Verwertung für die Geschichte Lüneburgs. Han-
nover, Hofbuchdr. d. Gebr. Jänecke (1889); 22 S. 4⁰
Hannover, k. Kaiser Wilhelms G, OP 1889 (292)

418   **Schanzenbach,** Otto [Prof. Dr.]: Ein Rousseaujünger im Hause
Württemberg. Stuttgart, k. Hofbuchdr. C. Liebich, 1889; 1 Bl.,
81 S. 4⁰
Stuttgart, Eberhard-Ludwigs-G, P 1889 (561)

419 **Schaper,** F. [Rekt. Dr.]: I. Sustine et abstine (Trag und entsag).
II. Wünschen, wollen, sollen. (Umschl.-Tit.: Zwei Schulreden.)
Nauen, Druck d. C. E. Freyhoff'schen Buchdr., 1889; S. 3—9; 4⁰
> Nauen, RPG, OP 1889 (114)

420 **Schaum,** L.: De consecratione domus Ciceronianae. Mainz,
Buchdr. v. H. Prickarts, 1889; S. 3—8; 4⁰
> Mainz, grossh. G, P 1889 (598)

421 **Scheck,** Adolphus [P. O. S. B.]: De fontibus Clementis Alexandrini.
Augustae Vindelicorum, typ. Pfeifferianis, 1889; 50 S., 1 Bl. 8⁰
> Augsburg, StA bei St. Stephan, P 1889 *

422 **Schepps,** Georg [Dr.]: Conradi Hirsaugiensis dialogus super au-
ctores sive didascalon. Würzburg, Druck d. k. Universitätsdr. v.
H. Stürtz, 1889; 84 S. 8⁰
> Würzburg, k. altes G, P 1889 *

423 **Scherer,** Fr. Jos. [Dir. Dr.]: Rede bei der Gedächtnisfeier für
Seine Majestät den in Gott ruhenden Kaiser und König Wilhelm ...
— Rede bei der Gedächtnisfeier für . . . König Friedrich . . . —
Rede am Geburtstage Seiner Majestät des Kaisers und Königs
Wilhelm . . . (Umschl.-Tit.: Drei Schulreden.) Arnsberg, Druck v.
F. W. Becker, 1889; S. I—XVI; 4⁰
> Arnsberg, k. Laurentianum, OP 1889 (330)

424 **Schierlinger,** Franz: Die unterordnende Satzverbindung bei dem
Redner Antiphon. Schweinfurt, Druck v. Fr. J. Reichardt, 1889;
51 S. 8⁰
> Schweinfurt, k. StA, P 1889 *

425 **Schindler,** Hermann [Oberl.]: Die Kreuzzüge in der altprovenza-
lischen und mittelhochdeutschen Lyrik. Dresden, Druck v. B. G.
Teubner, 1889; S. 1—49; 4⁰
> Dresden-Altstadt, Annen-S (RG), OP 1889 (526)

426 **Schinnerer,** Joh. Friedrich [Dr.]: Über Senecas Schrift an Marcia.
Hof, Druck d. Mintzel'schen Buchdr. H. Hörmann, 1889; 19 S. 8⁰
> Hof, k. StA, P 1889 *

427 **Schleich,** Gustav [Dr.]: Über das Verhältnis der mittelenglischen
Romanze Ywain und Gawain zu ihrer altfranzösischen Quelle.
Berlin, R. Gaertners Verlagsbuchh. H. Heyfelder, 1889; 32 S. 4⁰
> Berlin, Andreas-RG, OP 1889 (91)

428 **Schmerler** [Oberl.]: Chips from English Literature. Borna, Druck
v. R. Noske, 1889; S. 3—22; 4⁰
> Borna, st. RG, OP 1889 (523)

429   **Schmidt,** Emil [Dr.]: Ein Beitrag zur Kenntnis der Hochblätter.
Berlin, R. Gaertners Verlagsbuchh. H. Heyfelder, 1889; 28 S.,
2 Taf. 4⁰
     Berlin, Friedrichs-Werdersche OR, OP 1889 (98)

430   **Schmidt,** G. [Dir. Dr.]: Baurechnung des Halberstädter Doms von
1367. Halberstadt, Druck v. E. Doelle & Sohn (1889); S. 1—19; 4⁰
     Halberstadt, k. Dom-G, OP 1889 (221)

431   **Schmidt,** Leonhard [Oberl. Prof.]: Zum 30. Juni 1888. San Remo.
Bromberg, Buchdr. v. A. Dittmann, 1889; S. 11—13; 4⁰
     Bromberg, k. G. OP 1889 (142)

432   **Schmidt,** Wilhelm: Analytische Untersuchungen über eine Ortsfläche
vierter Ordnung mit reellem Doppelkegelschnitt. Lüdenscheid, Druck v.
W. Crone jr., 1889; S. 3—16; 4⁰
     Lüdenscheid, RPG, OP 1889 (356)

433   **Schmitz** [Dr.]: Die Gedichte des Prudentius und ihre Ent-
stehungszeit. Erster Teil. Aachen, Druck v. A. Jacobi & Co., 1889;
S. 1—38; 4⁰
     Aachen, RG, OP 1889 (439)

434   **Schnaase,** Leopold: Die Optik Alhazens. Pr. Stargard, Druck d.
A. Müller vormals Wedelschen Hofbuchdr., Danzig, 1889; XX S.,
1 Taf. 4⁰
     Pr. Stargard, k. Friedrichs-G, OP 1889 (40)

435   **Schneider,** F. [Dir.]: Gedächtnisrede auf Kaiser Friedrich III. . .
Friedeberg Nm., Druck v. E. Eisermann (1889); S. 7—13; 4⁰
     Friedeberg Nm., k. G, OP 1889 (74)

436   **Schneider,** Heinrich [Dr.]: Die Casus, Tempora und Modi bei
Commodian. Nürnberg, Schärtel's Buchdr. (Fr. Walz), 1889; 35 S. 8⁰
     Nürnberg, k. StA, P 1889 .

437   **Schneider,** Richard [Dir. Dr.]: I. Der Prometheus des Aeschylos.
II. Die Medea des Euripides. III. Zwei Briefe des Horaz. (Umschl.-
Tit.: Zwei bei der Entlassung der Abiturienten gehaltene Reden.
Zwei Briefe des Horaz in deutscher Übersetzung.) Duisburg,
Buchdr. v. J. Ewich, 1889; S. I—XXI; 4⁰
     Duisburg, k. G, OP 1889 (409)

438   **Schöttler,** Bernhard: Über die Lage der geschichtlichen Orte
Aduatuca Eburonum (Caes.), Ara Ubiorum (Tacit.) und Belgica (Itin.
Anton.). Rheinbach, Druck v. J. Heuser, 1889; 31 S. 4⁰
     Rheinbach, PG, OP 1889 (428)

439 *Scholle [Oberl. Dr.]:* Katalog der Lehrer-Bibliothek des Grossherzoglichen Friedrich - Franz - Gymnasiums zu Parchim. III. Abteilung. . . . Parchim, G. Gerlach's Buchdr., 1889; 48 S. 8⁰
Parchim, grossh. Friedrich-Franz-G u. RPG, OP 1889 (613)

440 **Scholle,** Franz: Der Stammbaum der altfranzösischen und altnordischen Überlieferungen des Rolandsliedes und der Wert der Oxforder Handschrift. Berlin, R. Gaertners Verlagsbuchh. H. Heyfelder, 1889; 24 S. 4⁰
Berlin, Falk-RG, OP 1889 (93)

441 **Schrader,** E. [Dr.]: Studien über die Struktur der Legierungen. I. Teil. Insterburg, Druck v. K. Wilhelmi, 1889; 30 S. 4⁰
Insterburg, k. G u. RG, OP 1889 (6)

442 **Schrœder,** Friedrich [Dr.]: Die subjektlosen Sätze. Gebweiler, Buchdr. v. J. Dreyfus, 1889; 13 S. 4⁰
Gebweiler, G, P 1889 (481)

443 **Schröder,** Richard [Dr.]: Die schalentragenden Landschnecken welche bei Naumburg a/S. am häufigsten vorkommen. . . . Naumburg, Druck v. H. Sieling (1889); 16 S. 8⁰
Naumburg a/S., RPG, OP 1889 (262)

444 **Schubert,** Anton [Dr.]: De temporis inter verbum finitum et participium aoristi aequalitate apud Graecorum poetas tragicos. Bamberg, W. Gärtner's Buchdr. (D. Siebenkees), 1889; 1 Bl., 53 S. 8⁰
Bamberg, k. StA, P 1889 *

445 **Schulze,** Ernestus Ricardus: Quaestiunculae grammaticae ad oratores Atticos spectantes. Bautzen, Druck v. E. M. Monse (1889); 31 S. 4⁰
Bautzen, k. G, OP 1889 (505)

446 **Schulze,** Ludwig [Dir. Dr.]: Die Lektüre von Ciceros philosophischen Schriften in Prima und die Aufgabe der philosophischen Propädeutik. Landsberg a. W., Druck v. R. Schneider & Sohn, 1889; 24 S. 4⁰
Landsberg a. W., k. G u. RG, OP 1889 (79)

447 **Schwering,** Karl [Oberl. Prof. Dr.]: Aufgabe und Anschauung, besonders in der Stereometrie. Coesfeld, Druck v. A. Otten (1889); S. 3—11; 4⁰
Coesfeld, k. G Nepomucenianum, OP 1889 (335)

448 **Seeger,** H. [Dir.]: Bemerkungen zu den Reformvorschlägen Kerns, betreffend den Unterricht in der deutschen Satzlehre. Güstrow, Druck d. C. Waltenberg'schen Ratsbuchdr. (1889); 43 S. 4⁰
Güstrow, RG, OP 1889 (618)

449   Seifert, W. [Oberl. Dr.]: Gemeinfaßliche Geschichte der elektrischen
       Fernverständigung. Metz, Buchdr. v. Gebr. Lang, 1889; 53 S. 4⁰
       Metz, L, P 1889 (483)

450   Seitz [Rekt. Prof. Dr.]: Aktenstücke zur Geschichte der früheren latei-
       nischen Schule zu Itzehoe II. Itzehoe, Druck v. G. J. Pfingsten, 1889;
       64 S. 8⁰
       Itzehoe, RPG, OP 1889 (280)

451   Seyler [Oberl.]: Aufgaben zum Uebersetzen ins Lateinische für
       Secunda. Breslau, Druck v. Grass, Barth u. Comp. (W. Friedrich),
       1889; S. 3–22; 4⁰
       Breslau, st. Johannes-G, OP 1889 (166)

452   Siebert, Wilhelm [Oberl. Dr.]: Entwurf eines Griechischen Lese-
       und Übungsbuches für die Untertertia der Gymnasien und Pro-
       gymnasien im Anschluss an die Schulgrammatik von Koch. Erste
       Hälfte. Osterode Ostpr., gedr. i. d. F. Albrecht'schen Buchdr., 1889;
       1 Bl., 80 S. 8⁰
       Hohenstein i. Ostpr., k. G, OP 1889 (5)

453   Simon, Joh. Alphons [Hülfsl.]: Xenophon-Studien. Vierter Teil: Die
       Præpositionen σύν und μετά c. gen. bei Xenophon. Düren, Hamel'sche
       Buchdr., 1889; S. 3–24; 4⁰
       Düren, G, OP 1889 (410)

454   Sitzler, Johann [Lehramtspraktikant]: Über den Kasusgebrauch
       bei Varro. I. Teil. Genitiv und Dativ. Tauberbischofsheim, Druck
       d. J. Lang'schen Buchdr., 1889; 12 S. 4⁰
       Tauberbischofsheim, grossh. G, P 1889 (583)

455   Sixt, G. [Prof. Dr.]: Die lyrischen Gedichte des Aurelius Pru-
       dentius Clemens. — Zur Charakteristik der christlich-lateinischen
       Poesie. Stuttgart, Hofbuchdr. C. Liebich, 1889; S. 1—44, 1 Bl. 4⁰
       Stuttgart, Karls-G, P 1889 (562)

456   Sommer, A. [Oberl. Dr.]: Rede zur Schulfeier des Geburtstages Sr.
       Maj. des Kaisers Wilhelm II. Halle, Druck b. Buchdr. d. Waisenhauses,
       1889; S. 1—10; 4⁰
       Halle a. S., RG b. Franckeschen Stiftungen, OP 1889 (250)

457   Sorof, Gustav [Dir. Dr.]: Zwei Gedächtnisreden, gehalten zum
       Andenken an Se. Majestät Kaiser Wilhelm I. und Se. Majestät
       Kaiser Friedrich III. Cöslin, gedr. bei C. G. Hendeß, 1889;
       1 Bl., 18 S. 4⁰
       Cöslin, k. G, OP 1889 (122)

458 Sped, Oskar [Oberl.]: Zur Geschichte der Stadt Pirna im dreißig=
jährigen Kriege. (Pirna, Druck v. F. J. Eberlein, 1889); 124 S. 8⁰
Pirna, st. R mit PG, OP 1889 (546)

459 **Spribille,** Franz [Oberl.]: „Verzeichnis der in den Kreisen Inowrazlaw
und Strelno bisher beobachteten Gefäßpflanzen mit Standortsangaben" II.
Inowrazlaw, Druck v. H. Olawski (1889); 1 Bl., 21 S. 4⁰
Inowrazlaw, k. G, OP 1889 (144)

460 **Sprotte,** Franz [Dr.]: Erinnerungen an meine Palästinareise.
Oppeln, Druck v. E. Raabe, 1889; S. 3—18, 1 Bl. 4⁰
Oppeln, k. kath. G, OP 1889 (191)

461 **Stange,** A. [Dr.]: Rede zum Gedächtnis Sr. Majestät des Hochseligen
Kaisers Friedrich ... Minden, gedr. bei J. C. C. Bruns, 1889
S. 7—12; 4⁰
Minden, k. ev. G u. RG, OP 1889 (339)

462 **Steffen,** Georg: Stichworte zu dem Unterrichte in der Geschichte
des germanischen Altertums, des Mittelalters und der Neuzeit.
1. Heft. Leipzig, Druck v. O. Dürr, 1889; 122 S. 8⁰
Leipzig, Nicolai-G, OP 1889 (514)

463 **Stegemann:** Zur Methodik des Rechenunterrichts in höheren
Schulen. Prenzlau, Druck v. A. Miecks Buchdr., 1889; S. 3—24; 4⁰
Prenzlau, G, OP 1889 (83)

464 **Stein,** Ferdinand: Lafontaines Einfluss auf die deutsche Fabel-
dichtung des achtzehnten Jahrhunderts. Aachen, Druck v. F. N. Palm
(1889); S. 3—32; 4⁰
Aachen, Kaiser-Karls-G, OP 1889 (395)

465 **Steinberger,** Alphons [Dr.]: Odipus. Tragödie von Lucius Annäus
Seneka. Übersetzt und historisch-kritisch erörtert. Erster Teil.
(Übersetzung.) Stadtamhof, Druck v. J. & K. Mayr (1889); 57 S. 8⁰
Regensburg, k. altes G, P 1889 •

466 **Stephan,** Christoph [Dr.]: Kritische Untersuchungen zur Geschichte
der Westgothen von 372—400. I. Teil. Der Gothenkrieg unter Theodosius.
Siegburg, Druck v. Gebr. Dämisch (1889); S. 3—31; 4⁰
Siegburg, k. G, OP 1889 (430)

467 **Sternkopf,** W. [Dr.]: I. Ciceros Briefwechsel mit Attikus in den
Jahren 68—65. II. Briefe aus dem Jahre 62. III. Briefe des Jahres 61.
IV. Briefe des Jahres 60. (Umschl.-Tit.: Ciceros Korrespondenz
aus den Jahren 68—60 v. Chr.) Elberfeld, gedr. bei Sam. Lucas, 1889;
S. 3—24; 4⁰
Elberfeld, G, OP 1889 (412)

468 **Stettiner,** Paul [Dr.]: Friedrich der Grosse und Graf Schaffgotsch, Fürstbischof von Breslau. Königsberg, Hartungsche Buchdr., 1889; S. 1 - 34; 4⁰

   Königsberg i. Pr., st. RG, OP 1889 (20)

469 **Stille,** W. [Oberl. Dr.]: Zur Geschichte der religiösen Dulbung unter den Hohenzollern. Sondershausen, Hofbuchdr. v. Fr. Aug. Eupel, 1889; S. 3—21; 4⁰

   Sondershausen, fürstl. R, OP 1889 (681)

470 **Stiffer,** Theodor [Dr.]: Nochmals die Katharsis in Aristoteles' Poetik. Norden, Druck v. D. Soltau, 1889; S. 1—18; 4⁰

   Norden, k. Ulrichs-G, OP 1889 (301)

471 **Stoltz,** Carl [Oberl. Dr.]: Der abschliessende biologische Unterricht in Secunda. Ruhrort, Druck v. J. Brendow & Sohn, 1889; 13 S. 4⁰

   Ruhrort, RG, OP 1889 (458)

472 **Strackerjan,** Karl [Dir.]: Zur Feier deutscher Dichter. Vierundzwanzigster Abend . . . Östreichische Dichter, II. Oldenburg, Druck v. G. Stalling, 1889; S. 3—10; 4⁰

   Oldenburg, OR, OP 1889 (633)

473 **Straub,** L. W. [Prof. Dr.]: Der Natursinn der alten Griechen. Stuttgart, k. Hofbuchdr. C. Liebich, 1889; 58 S. 4⁰

   Stuttgart, Eberhard-Ludwigs-G, P 1889 (561)

474 **Straube,** Joseph: Durch welche Mittel gelang es den Patriciern, in der zweiten Periode des Ständekampfes die Plebejer von der obersten Magistratur fernzuhalten? Patschkau, Druck v. Ed. Hertwig, 1889; S. 1—22; 4⁰

   Patschkau, st. kath. G, OP 1889 (192)

475 **Stümcke,** Ferdinand: Studien zu Shakespeares King John. Otterndorf, C. Bremer (1889); S. 3—10; 4⁰

   Otterndorf, k. RPG, OP 1889 (327)

476 **Stürenburg,** Heinrich [Konrekt. Prof. Dr.]: Zu den Schlachtfeldern am Trasimenischen See und in den Caudinischen Pässen (mit Karte). Leipzig, Druck v. A. Edelmann, 1889; 1 Bl., 17 S., 1 Kart. 4⁰

   Leipzig, Thomas-S, OP 1889 (515)

477 **Stüve,** Karl [Oberl. Dr.]: Über einige zu Anfang des 15. Jahrhunderts in Osnabrück curierende fremde Münzen. Osnabrück, Druck v. J. G. Kisling, 1889; S. 1—17; 4⁰

   Osnabrück, Rats-G, OP 1889 (303)

478 **Sugg,** Paul: Eine Reise nach Cairo. Gross-Glogau, Druck v. Ed. Mosche Nachf. (G. Binder), 1889; S. 3—14; 4⁰
     Gross-Glogau, k. kath. G, OP 1889 (176)

479 **Suur, H. [Rekt.]:** A. Das Wesen und der Lehrplan der höheren Bürgerschulen. B. Die Gründung und die beiden ersten Jahre der Kaiser-Friedrichs-Schule. C. Das neue Schulgebäude. Emden, Druck v. H. Tapper, 1889; S. 3—17, 2 Taf. 4⁰
     Emden, Kaiser-Friedrichs-S (HB), OP 1889 (320)

480 **Switalski,** M.: Stereometrische Aufgaben über Maxima und Minima für elementare Lösung in Oberprima. Rastenburg, Druck v. W. Kowalski (1889); 50 S. 8⁰
     Rastenburg, G, OP 1889 (15)

481 **Tebbe,** Heinrich: Bemerkungen zum griechischen Unterricht in der Tertia und Sekunda. Warendorf, gedr. i. b. J. Schnell'schen Buchdr., 1889; S. 1—24; 4⁰
     Warendorf, f. G Laurentianum, OP 1889 (346)

482 **Tenckhoff, Albert [Oberl. Dr.]:** Zum zoologischen Unterrichte. Paderborn, Junfermannsche Buchdr., 1889; S. 3—23; 4⁰
     Paderborn, f. G Theodorianum, OP 1889 (341)

483 **Teuffel,** Sigmund [Prof. Dr.]: Lebensabriss von Wilhelm Sigmund Teuffel. Ein Beitrag zur Geschichte des philologischen Studiums in Württemberg. Tübingen, Druck v. H. Laupp jr., 1889; 1 Bl., 47 S. 4⁰
     Tübingen, k. G, P 1889 (563)

484 **Thalheim [Dir.]:** Quaestiones Demosthenicae. Schneidemühl, Druck v. G. Eichstädt, 1889; S. 1—13; 4⁰
     Schneidemühl, k. G, OP 1889 (154)

485 **Thamm,** Max [Dr.]: Ergänzungen zu Herbsts historischem Hülfsbuch für die oberen Klassen der Gymnasien und Realschulen (II und III)…. Lauban, Druck v. C. Goldammer, 1889; 1 Bl., 58 S. 4⁰
     Lauban, st. ev. G, OP 1889 (183)

486 **Theel,** Emil [Oberl. Dr.]: Einleitung in die Trigonometrie als halbjähriges Pensum für Untersekunda. Berlin, R. Gaertners Verlagsbuchh. H. Heyfelder, 1889; 26 S. 4⁰
     Berlin, Dorotheenst. RG, OP 1889 (92)

487 **Thele,** H. W. [Rekt.]: Ausgeführter Lehrplan des griechischen Unterrichts. Saarlouis, Buchdr. v. Fr. Stein, 1889; S. 3—28; 4⁰
     Saarlouis, PG, OP 1889 (471)

488   **Thöldte,** Richard: ' Über die Verteilung gegebener Massen auf Kreisflächen. Dessau, Druck v. L. Reiter, Herzogl. Hofbuchdr., 1889; 24 S. 4⁰
> Dessau, herz. Friedrichs-G, OP 1889 (642)

489   **Thyret,** H.: Ueber Umbildung und Einschränkung des gotischen und angelsächsischen Wortbegriffs im Neuenglischen und Neuhochdeutschen. Oberstein, Druck v. J. Hohner (1889); 18 S. 4⁰
> Oberstein-Idar, R, OP 1889 (632)

490   **Tohte,** Th. [Oberl.]: Lucretius I, v. 483—598. Ein Beitrag zur Kritik und Erklärung des Dichters. Wilhelmshaven, Druck v. A. Heine (1889); 28 S. 4⁰
> Wilhelmshaven, k. G, OP 1889 (806)

491   **Traut,** H. [Dr.]: Quaestionum Theocritearum particula II. Krotoschin, Druck v. F. A. Kosmäl (1889); 24 S. 4⁰
> Krotoschin, k. Wilhelms-G, OP 1889 (146)

492   **Treu,** Maximilianus: Maximi monachi Planudis epistulae — particula quarta. Breslau, Druck v. O. Gutsmann (1889); 2 Bl., S. 145—206; 8⁰
> Breslau, k. Friedrichs-G, OP 1889 (165)

493   **Tschirch,** Otto [Dr.]: Die Stiftung und die erste Blütezeit der Salderischen Schule. Brandenburg a. d. H., J. Wiesekes Buchdr., 1889; 1 Bl., 43 S. 4⁰
> Brandenburg a. d. H., v. Saldernsches RG, OP 1889 (100)

494   **Tüchert,** Aloys: Racine und Heliodor. Zweibrücken, Buchdr. v. A. Kranzbühler, 1889; 51 S. 8⁰
> Zweibrücken, k. StA, P 1889 •

495   **Tücking,** Karl [Dir. Dr.]: Jubiläum und Weihefest. Neuß, Buchdr. v. L. Schwann, 1889; S. 6—19; 4⁰
> Neuß, I. G, OP 1889 (425)

496   **Tücking,** Karl [Dir. Dr.]: Geschichte des Gymnasiums zu Neuss, verbunden mit einer Übersicht über die Entwickelung der dortigen Stifts- und Stadtschulen. Neuss, Druck v. L. Schwann, 1888; 1 Bl., 212 S., 1 Bl. 8⁰
> Neuss, k. G, OP 1889 (425)

497   **Ubbelohde,** Karl [Dir.]: Rede zur Trauerfeier für Kaiser Wilhelm I. . . . 22. März 1888. — Am 18. Oktober 1888. — Rede zur Vorfeier des Geburtstages Seiner Majestät Kaiser Wilhelms II, 26. Januar 1889. (Umschl.-Tit.: Drei Schulreden. . . .) Friedland i. Meckl., Druck v. W. Walther, 1889; S. 1—13; 4⁰
> Friedland, G, OP 1889 (622)

498 **Uhlig,** O. [Dr.]: Fore, foret und forent bei Tacitus. Schneeberg, Druck v. C. M. Gärtner, 1889; 1 Bl., 9 S. 4⁰
    Schneeberg, k. G, OP 1889 (518)

499 **Urban,** Karl [Propst, Dir. Prof.]: Das alte Rätien und die römischen Inschriften. Magdeburg, Druck v. E. Baensch jun., 1889; S. 1—36; 4⁰
    Magdeburg, Pd zum Kloster Unser Lieben Frauen, OP 1889 (226)

500 **Vasen** [Oberl. Dr.]: 3 Dichtungen. Düren, Hamel'sche Buchdr., 1889; S. 3—6; 4⁰
    Bedburg, Rheinische RAk, OP 1889 (399)

501 **Veil** [Konrekt. Dr.]: Bericht über die Feier des 350jährigen Bestehens des Protestantischen Gymnasiums zu Strassburg am 1., 2. und 3. August 1888. Strassburg, J. H. Ed. Heitz (Heitz & Mündel), 1889; S. 3—24; 4⁰
    Strassburg, protest. G, P 1889 (491)

502 **Velde,** Wilhelm [Dr.]: Über einen Spezialfall der Bewegung eines Punktes, welcher von festen Centren angezogen wird. Berlin, R. Gaertners Verlagsbuchh. H. Heyfelder, 1889; 26 S. 4⁰
    Berlin, I. st. HB, OP 1889 (104)

503 **Vetter,** M. H. [Prof. Dr.]: Über den Charakter des König Ödipus in der gleichnamigen Tragödie des Sophokles. II. Freiberg, Gerlach'sche Buchdr., 1889; 1 Bl., 32 S. 4⁰
    Freiberg, G Albertinum, OP 1889 (511)

504 **Vieluf,** Guſtav [Oberl.]: Zum franzöſiſchen Rolandsliede. Kompoſition und Stil. Hirſchberg, Druck v. P. Oertel (vorm. W. Pfund), 1889; S. 3—19; 4⁰
    Hirſchberg, k. G, OP 1889 (178)

505 **Völcker,** G. [Dr.]: I. In welcher Weise würde die Priorität des Französischen auf den deutschen Elementarunterricht einwirken? II. Werden die grammatischen Grundbegriffe besser an der lateinischen oder an der französischen Sprache erkannt? (Aus: N. Jahrb. f. Phil.) Schönebeck, Druck v. Th. Wulfert, 1889; 1 Bl., 54 S. 8⁰
    Schönebeck a. E., RPG, OP 1889 (263)

506 **Vogel,** August [Rekt. Dr.]: Die Gründung und der Ausbau der höheren Schule der Stadt Luckenwalde. Luckenwalde, Druck v. G. Gutdeutſch (1889); S. 3—7; 4⁰
    Luckenwalde, RPG, OP 1889 (113)

507 **Voss,** Eduard [Oberl. Prof.]: Die Natur in der Dichtung des Horaz. Bonn, Hauptmann'sche Buchdr., 1889; S. 3—26; 4⁰
    Münstereifel, k. G, OP 1889 (424)

508   **Wächter,** Albert [Prof.]: Der evangelische Religionsunterricht in den mittleren und oberen Klassen eines deutschen Gymnasiums. Aphorismen. Rudolstadt, Druck d. Fürstlich priv. Hofbuchdr. F. Mitzlaff, 1889; 1 Bl., 24 S. 4⁰
    Rudolstadt, fürstl. G u. RPG, OP 1889 (677)

509   **Waege,** Waldemar [Dr.]: Der krystallographische Unterricht in Ober-Tertia. Berlin, R. Gaertners Verlagsbuchh. H. Heyfelder, 1889; 26 S., 1 Taf. 4⁰
    Berlin, Königst. G, OP 1889 (59)

510   **Wagner** [Prof.]: Der gegenwärtige Lautbestand des Schwäbischen in der Mundart von Reutlingen. Reutlingen, Buchdr. v. C. Rupp, 1889; S. 15—96, 3 Taf. 4⁰
    Reutlingen, k. RA, P 1889 (565)

511   **Waldeck,** August [Oberl. Prof.]: Zur Frage der Probanden-Ausbildung. Mengeringhausen, Druck b. Weigel'schen Hofbuchdr., 1889; S. 3—16; 4⁰
    Corbach, fürstl. Waldeck'sches G, OP 1889 (360)

512   **Waldvogel,** Joh. [Prof.]: Übungen aus dem mathematischen Repetitionsstoffe der Obergymnasialklasse. Würzburg, k. Universitätsbr. v. H. Stürtz (1889); 75 S. 8⁰
    Aschaffenburg, k. StA, P 1889 *

513   **Walter,** Emil [Oberl. Dr.]: Praehistorische Funde zwischen Oder und Rega. Stettin, Druck v. Herrcke & Lebeling, 1889; S. 1—28, 1 Kart. 4⁰
    Stettin, k. Marienstifts-G, OP 1889 (133)

514   **Wattendorff,** Ludwig [Dr.]: Essay on the Influence which Shakespeare exercised on the French Romantic Tragedy. A literary Sketch. Second Part. Coblenz, Buchdr. v. H. L. Scheid, 1889; S. 3—14; 4⁰
    Coblenz, st. RG (DR), OP 1889 (444)

515   **Wegener,** Ph. [Dir. Dr.]: Zur Methodik des Horaz-Unterrichts in der Gymnasial-Prima. I. Teil. Neuhaldensleben, Druck v. A. Besser, 1889; 1 Bl., 37 S. 4⁰
    Neuhaldensleben, G, OP 1889 (231)

516   **Weickert,** Johannes [Dr.]: Eine konstante Chromsäurebatterie für Unterrichtsversuche. Zittau, Druck v. Nehoisa & Böhme, 1889; S. 1—8, 1 Taf. 4⁰
    Zittau, k. RG, OP 1889 (530)

517 **Weinand,** Johannes [Dr.]: Quelques remarques critiques sur les idées littéraires de M. Ch. A. Sainte-Beuve. (Umschl.-Tit.: ... Fortsetzung und Schluss der Gymnasialprogramme von Neuss 1877 und 1881.) Aachen, Druck v. C. H. Georgi, 1889; S. 3—17; 4⁰
   Aachen, k. Kaiser-Wilhelms-G, OP 1889 (396)

518 **Weissenborn,** Edmund [Oberl. Dr.]: Festrede zur Vorfeier des Geburtstages Sr. Majestät des Kaisers und Königs Wilhelm's II. ... Mühlhausen i. Thür., E. W. Röblings Buch- u. Steindr. (1889); S. 1—7; 4⁰
   Mühlhausen i. Thür., G u. RPG, OP 1889 (229)

519 **Welter,** F. J. [Dr.]: Über die Sprache Froissart's. I. Teil: Verschwundene Substantiva. Essen, Druck v. G. D. Baedeker, 1889; 30 S. 4⁰
   Essen, RG u. HB, OP 1889 (453)

520 **Wendt,** Adolf: Die Behandlung des geographischen Unterrichts auf höheren Lehranstalten. Lennep, Druck v. H. Schumacher, 1889; 19 S. 4⁰
   Lennep, RPG, OP 1889 (469)

521 **Wendt,** Georg [Dr.]: Die Germanisierung der Länder östlich der Elbe. Teil II. 1137—1181. Liegnitz, Druck v. O. Heinze, 1889; 77 S. 8⁰
   Liegnitz, k. RAk, OP 1889 (186)

522 **Wetzell,** Carol: Lexici Antiphontei Specimen. Grünberg, Buchdr. v. H. Robert, 1889; S. III—IV, 1—18; 4⁰
   Laubach, G Fridericianum, P 1889 (597)

523 **Wetzstein,** O. [Dr.]: Die deutsche Geschichtschreibung zur Zeit der Reformation. II. Ein Beitrag zur Geschichte der Historiographie. Neustrelitz, Druck v. G. F. Spalding & Sohn, 1889; 29 S. 4⁰
   Neustrelitz, R, OP 1889 (625)

524 **Weyell:** Der erste Unterricht in der Raumlehre. Alsfeld, Druck v. H. Düring, 1889; S. 8—16; 4⁰
   Alsfeld, großh. R, OP 1889 (600)

525 **Wichern,** J. [Dir.]: Allgemeines über das Paulinum. Hamburg, gedr. bei Lütcke & Wulff, 1889; S. 1—12; 4⁰
   Horn, Paulinum, OP 1889 (694)

526 **Wiedasch** (Dir. Prof. Dr.]: Rede bei der Gedächtnisfeier für Seine Majestät den Hochseligen Kaiser und König Friedrich ... Hannover, Druck v. A. Grimpe, 1889; S. III—VIII; 4⁰
   Hannover, k. G L II., OP 1889 (294)

527   **Wiepen,** Eduard: Die geographische Verbreitung der Cochenille-
zucht. (Mit einer Übersichtskarte). Köln, Druck v. J. B. Hei-
maun & Zimmermann, 1889; S. 3—44, 1 Kart. 4⁰
>   Köln, HB, OP 1889 (462)

528   **Wilken,** Lübbo [Dr.]: An Historical and Metrical Introduction into
the Study of Shakspeare's Works, with Particular Regard to his Julius
Caesar. Part the Second. Biedenkopf, Druck d. Heinzerlingschen
Buchdr., 1889; S. 1—12; 4⁰
>   Biedenkopf, k. RPG, OP 1889 (388)

529   **Wilsdorf,** Detlev [Oberl. Dr.]: Beiträge zur Geschichte von Mar-
seille im Altertum. Zwickau, Druck v. R. Zückler, 1889; 1 Bl., 32 S. 4⁰
>   Zwickau, G, OP 1889 (521)

530   **Wimmer,** Franz Paul: Kaiserin Adelheid, Gemahlin Ottos I. des
Grossen. Regensburg, Buchdr. M. Wasner, 1889; IV, 139 S. 8⁰
>   Regensburg, k. neues G, P 1889 *

531   **Winckelmann,** Joh. [Rekt. Dr.]: Das Königlich Bayerische Real-
gymnasium in Augsburg von 1864—1889. . . . Augsburg, Druck d.
Literar. Instituts v. Haas & Grabherr (1889); S. 1—11; 8⁰
>   Augsburg, k. RG, P 1889 *

532   **Windel,** Hans [Oberl. Dr.]: Demosthenis esse orationem, quae
περὶ συντάξεως inscribitur. Hameln, Buchdr. v. C. W. Niemeyer, 1889;
S. 3—22; 4⁰
>   Hameln, st. G u. RPG, OP 1889 (291)

533   **Winneberger,** Oskar [Dr.]: Über das Handschriftenverhältnis
des Altfranzösischen Guy de Warwick. Frankfurt a. M., Druck v.
C. Adelmann, 1889; S. 1—48; 4⁰
>   Frankfurt a. M., Adlerflycht-S (R), OP 1889 (380)

534   **Wisser,** Wilhelm [Oberl. Dr.]: Das Verhältnis der Minnelieder-
handschriften B und C zu ihrer gemeinschaftlichen Quelle. Eutin,
G. Struves Buchdr., 1889; 42 S. 4⁰
>   Eutin, grossh. G, OP 1889 (628)

535   **Witt,** Helmuth: Die Stellung des Apostels Paulus zum mosaischen
Gesetz. Halle a. S., Druck d. Buchdr. d. Waisenhauses, 1889;
S. 3—12; 4⁰
>   Seehausen i. Altm., G, OP 1889 (239)

536   **Wittich,** Wilhelm [Dir. Dr.]: Lehrplan für den Unterricht im
Französischen am Realgymnasium zu Cassel . . . Cassel, Druck v.
K. Gosewisch, 1889; S. 3—15; 4⁰
>   Cassel, st. RG, OP 1889 (374)

537 **Wörmann**, Franz: Der lateinische und griechische Memorierstoff . . . Recklinghausen, Druck v. J. Bauer (1889); 74 S., 1 Bl. 8⁰
Recklinghausen, G, OP 1889 (342)

538 **Wolf**, August Wilhelm [Oberl. Dr.]: Beiträge zur Theorie und Praxis der Invalidenversicherung. Leipzig, in Komm. d. J. C. Hinrichsschen Buchh., 1889; S. 3—40, 1 Tab. 4⁰
Leipzig, st. RG, OP 1889 (529)

539 **Wulsch**, G. [Dr.]: De verbis cum praepositione 'per' compositis apud Livium. I. Barmen, Druck v. Steinborn & Co.. 1889; 34 S. 8⁰
Barmen, RG, OP 1889 (441)

540 **Wunderer**, C. [Dr.]: Bruchstücke einer afrikanischen Bibelübersetzung in der pseudocyprianischen Schrift Exhortatio de paenitentia neu bearbeitet. Erlangen, Druck d. Univ.-Buchdr. v. E. Th. Jacob, 1889; 57 S. 8⁰
Erlangen, k. StA, P 1889 ·

541 **Zelle**, Friedr. [Dr.]: Joh. Wolfg. Franck. Ein Beitrag zur Geschichte der ältesten deutschen Oper. Berlin, R. Gaertners Verlagsbuchh. H. Heyfelder, 1889; 24 S. 4⁰
Berlin, Humboldts-G, DP 1889 (56)

542 **Zimmermann**, Eugenius: Quaestionum Plautinarum et Terentianarum liber prior. — De verbi posse formis dissolutis. Lörrach, Buchdr. v. C. R. Gutsch, 1889; 24 S. 4⁰
Lörrach, grossh. G u. RPG, P 1889 (578)

543 **Zimmermann**, J.: Über die Vita S. Willelmi. Mannheim, Druck v. W. Beutel, 1889; 27 S. 4⁰
Mannheim, grossh. RG, P 1889 (591)

544 **Zimmermann**, J. [Oberl.]: Gedächtnisrede auf den Hochseligen Kaiser Friedrich III. . . . Zeitz, Druck v. C. Brendel, 1889; S. 25—30; 4⁰
Zeitz, k. Stifts-G, DP 1889 (245)

545 **Zimmermann**, Julius [Oberl.]: Freie Übertragung der Chorlieder aus dem König Ödipus, dem Ödipus auf Kolonos und der Antigone des Sophokles. Zeitz, Druck v. C. Brendel, 1889; S. 1—18; 4⁰
Zeitz, k. Stifts-G, DP 1889 (245)

546 **Zinzow**, Adolf [Dir. Dr.]: Kaiserrede über Kaisertum und Kaiserreich . . . Pyritz, Druck b. Backe'schen Buchdr., 1889; S. 1—8; 4⁰
Pyritz, k. Bismarck-G, DP 1889 (181)

547   **Zitscher,** Ferdinand [Rekt. Dr.]: Der Substanzbegriff. Ein Beitrag
      zur Geschichte und Kritik der philosophischen Grundvorstellungen....
      Forst i. L., Druck v. E. Hoene, 1889; S. 1—22; 4⁰
>   Forst i. L., RPG u. PG Georgianum, OP 1889 (110)

548   **Zschau,** Hermann [Dir. Dr.]: Die Entwickelung des höheren Schul=
      wesens der Stadt Schwedt. Aus den Akten kurz dargestellt. Schwedt a. O.,
      Druck v. F. Freyhoff, 1889; S. 3 -14; 4⁰
>   Schwedt a. O., k. Hohenzollern-G, OP 1889 (84)

549   **Züge,** Heinrich [Oberl. Dr.]: Das Potential eines homogenen Ring=
      körpers mit elliptischem Querschnitt. Lingen, Druck v. R. van Acken, 1889;
      17 S., 1 Taf. 4⁰
>   Lingen, k. G Georgianum, OP 1889 (298)

1. Sachregister

9*

Lightning Source UK Ltd.
Milton Keynes UK
UKHW021007161218
334046UK00008B/759/P